JEAN-FRANÇOIS COATMEUR

Les Sirènes de minuit

ROMAN

DENOËL

A mes amis chiliens.

Il me fallait un cadre pour cette fiction prospective. J'ai choisi Brest, que je connais un peu, et j'en ai peint très librement le décor et l'atmosphère.

PROLOGUE

En ce début de décembre 198., Brest offrait au visiteur un visage presque normal. Les stades avaient retrouvé leurs fidèles, les deux grandes artères voyaient de nouveau couler, le samedi après-midi, le flot des badauds endimanchés. Apparemment imperméables aux modes et aux régimes, les indigènes continuaient à frétiller dans le crachin nourricier et à crier à la provocation chaque fois que la météo annonçait une perturbation abordant leurs côtes — à vibrer aux départs de la *Jeanne* et à brocarder « ces fainéants de l'arsenal[1] ». Certes, la fin dramatique du chef de l'État deux ans plus tôt, au cours de ce qu'on appela « le safari tragique », les désordres qui émaillèrent la campagne pour les nouvelles élections présidentielles, le coup de force du général Chopinet, l'avant-veille du scrutin, avaient durement secoué le grand port du Ponant, qui pouvait justement se prévaloir d'une très ancienne tradition républicaine et dont l'esprit frondeur se pliait mal aux carcans de la Rénovation nationale: la répression ici avait été particulièrement dure et longue. Mais l'écrémage sévère pra-

1. *On verra plus vite un poteau en fleur*
Qu'un ouvrier de l'arsenal en sueur.
(Adage brestois)

tiqué au sein de la police locale, la mise en place à l'hôtel de ville d'un homme dévoué, doté de pouvoirs quasi illimités, le travail opiniâtre de M. Jean à la tête du M.A.C. (Mouvement d'Action Culturelle) portaient enfin leurs fruits. En rédigeant son rapport mensuel pour Bicêtre, le ministre de l'Intérieur, le maire Hamel écrivait que le climat social de sa cité était des plus sains. C'était vrai : l'ordre régnait à Brest. Décimées par les grandes purges du printemps, les dernières sirènes de la contestation s'étaient tues. Les rares survivants des groupes séparatistes se terraient, et même le F.L.B. s'était sabordé au cri de *Gortoz da welet*[1] ! On avait bien signalé ces derniers mois l'apparition sur quelques murailles d'un énigmatique F.R.A., mais les autorités ne s'en alarmaient guère. Quant à la population, pareille à un grand corps hébété, anémié par trop de blessures, la lutte pour la survie paraissait absorber désormais l'essentiel de son énergie. Une ville sans problèmes, affirmait le commissaire principal Bodart qui, brossant pour l'*Éclair* le bilan de ces onze mois, avait mis l'accent sur la spectaculaire régression de la criminalité. Seul point noir : la prostitution, dont la floraison n'avait d'égal, notait très sérieusement le journaliste brestois, que le regain religieux constaté partout ces derniers temps : deux excroissances au reste fort classiques des mondes en mutation[2].

Ce samedi ... décembre avait débuté dans la grisaille la plus conventionnelle. Une pluie ténue et froide noyait la ville. La nuit semblait s'être installée jusqu'à la fin des temps. En dehors de la longue avenue centrale, les rues demeuraient assoupies. La sirène de l'arsenal, ce matin, ne sonnerait

1. Wait and see.
2. Voir par exemple G. Tordström, *La Société bloquée,* pp. 427 et passim.

pas : la plupart des maisons restaient closes, le cœur de la cité battait au ralenti. Prémices benoîtes et rassurantes d'une banale fin de semaine brestoise...

Et pourtant, ce samedi ne ressemblerait à aucun autre. Témoins, acteurs, victimes, nombreux ceux que l'aile du drame dans quelques heures effleurerait ou frapperait. Plusieurs d'entre eux sommeillaient encore. Ainsi Bob et Éva, qui, chaque soir, gravaient sur les murs et les pylônes le nom de Dieu. Ils étaient rentrés tard de leur équipée mystique et dormaient enlacés, dans la vieille caravane qui sentait la peinture. Ainsi Mariette, la petite pute du port de commerce. Son dernier client, un Libérien taciturne, l'avait quittée à cinq heures. Elle avait enfin son lit pour elle seule, elle pouvait rêver tout son soûl — des rêves pleins de sources et de pommiers fleuris... D'autres étaient déjà debout. Chabert, par exemple, qui grimpait dans son antique Renault, bâillant et pestant contre ce lever brutal qui lui faisait l'haleine mauvaise, l'estomac barbouillé. Il y avait longtemps que Manoel Pereira avait quitté le foyer du père Jaouen et battait la semelle à la grille du centre d'embauche, tout en se frictionnant les reins pour avoir plus chaud. Éric Fontange mettait le cap sur son bureau de la zone industrielle, après un arrêt à la gare, où il avait pris son billet aller et retour Brest-Paris. Sa femme, Fabienne, adossée aux oreillers, les mains étalées sur ses cuisses inertes, regardait la petite voiture nickelée au chevet du lit, saisie d'un vertige comme presque chaque matin, se disant, et si le miracle s'était produit durant la nuit... Maud venait de rentrer de son marché hebdomadaire aux halles de Saint-Martin, et vidait le filet à provisions sur la table de la cuisine. Gadona, le veilleur du M.A.C., sa garde achevée, zigzaguait au milieu du pont de Recouvrance, sous les gifles de suroît qui prenaient par le travers sa pétrolette. Le commissaire Rault dégustait son premier Pantella de la journée. Le commissaire principal Bodart beurrait ses hémorroïdes. Mme Bodart, à quelques mètres, beurrait des tartines...

Gestes anodins, familiers. Destins qui se nouent. Comparses malgré eux, héros effarés d'une saga démente. Morts en sursis, ignorant que sur leurs têtes le signe s'est posé... Un bateau dans le goulet a barri. La dernière patrouille de nuit rallie l'hôtel de police. Samedi ... décembre 198... Il est huit heures.

PREMIÈRE PARTIE

Les crimes sont à Brest aussi rares qu'ailleurs.

JEAN GENET.

Jef Chabert s'était posté à l'entrée du quai Commandant-Malbert. Il vit le Portugais qui passait la double porte du bureau d'embauche. Il inspectait le ciel, remontait le col de sa veste de sport et pénétrait dans le crachin frisquet, les mains dans les poches, la tête enfoncée dans les épaules. Le quai de la Douane était désert, balayé par un vent aigre qui faisait tournoyer la bruine, comme une fumée, dans la lueur des lampadaires. Au fond du Bassin N° 1, les vieilles péniches ferraillaient en tirant sur leurs amarres.

Le Portugais arrivait à sa hauteur. Chabert essuya ses lunettes embuées, abaissa la visière de sa casquette de marin. Il se détacha du mur, traversa la voie.

« Salut ! »

L'homme ralentit et secoua la tête.

« Je t'ai vu sortir. »

Chabert désignait du menton le bâtiment de béton gris derrière eux.

« Pas de boulot ?

— Pas pour moi », dit l'homme.

Il s'était à demi arrêté et examinait Chabert avec méfiance. Celui-ci lui tendit son paquet de gauloises, actionna la molette de son briquet.

« Tu loges où ?

— Au Foyer.

— Ah!... C'est ma route. »

Chabert, en fait, le savait. Il y avait plusieurs semaines qu'il avait remarqué, au cours de ses divagations sur le port, ce petit homme noiraud, au visage triste, aux courtes jambes torses, toujours seul, toujours pressé, affublé du même complet de misère: le veston élimé aux grands carreaux clairs et le pantalon noir lustré qui remontait aux chevilles. La veille, il l'avait suivi, l'avait vu entrer dans le local du père Jaouen, rue de Madagascar.

Ils marchèrent en silence, presque au centre de la chaussée, dépassèrent les Docks de l'Ouest, puis le bureau des Douanes où des ombres chinoises derrière les fenêtres s'agitaient. La nuit était encore noire, mais les premiers signes de la vie déjà apparaissaient: jappements de vélomoteurs, grincement d'une porte de hangar... Les lumières jaunes des bistrots éparpillés le long du quai tachaient le bitume luisant. Au pied des réverbères, les flaques tremblaient comme de l'argent rissolé. Infatigable, la corne de brume lâchait ses mugissements.

« Tu étais à l'Ile? dit Chabert.

— Oui.

— Et ils t'ont balancé...

— Comme les autres.

— Les salauds », dit Chabert.

Il inspectait attentivement les alentours, gêné par la pellicule humide qui encrassait ses verres.

« Tu veux travailler?

— Naturellement.

— J'ai peut-être quelque chose pour toi. »

L'homme s'arrêta. De nouveau, Chabert devinait la suspicion au fond des yeux noirs. La cigarette tremblait au coin de ses lèvres, à moitié éventrée.

« Qui êtes-vous ?

— Mon nom n'a aucune importance, dit Chabert. Mais je pense que tu ferais l'affaire.

— Ça dépend, dit le Portugais. Quel travail ? »

Chabert se recula un peu. Un cyclomoteur s'annonçait, crachotant dans la brouillasse, son conducteur cassé en deux, enveloppé d'un imperméable huileux. Le feu rouge s'évanouit.

« Viens à la bagnole, dit Chabert. On y sera mieux pour causer. Ça caille ici. »

Il le pilota jusqu'au môle du Bassin N° 4. Depuis près d'une semaine la *Marie-José*, un céréalier de La Pallice, y relâchait. A quelques mètres de l'échelle de coupée, la Chrysler stationnait, comme à l'accoutumée. Chabert déchiffra l'heure à sa montre : huit heures dix. Les entrepôts étaient encore fermés. Si tout se passait bien, ils avaient un bon moment tranquille devant eux : la poule ne quittait jamais le bord avant neuf heures. Il avait bien observé son manège. Dès sept heures trente, la bagnole arrivait. S'en extrayait cette longue fille flexible en manteau d'opossum gris, aux cheveux filasse emprisonnés sous une écharpe crème. Pas une putain : une putain aurait fait moins de manières. La femme épiait longuement les alentours, avant de courir vers la passerelle, qu'elle gravissait sans se retourner. Chabert avait tout noté, y compris qu'elle ne refermait jamais la voiture à clef.

Il observa le navire, n'aperçut aucune présence humaine sur la coursive extérieure, dont les ampoules gigotaient au vent. Choc du ressac et, très loin, par bouffées, une vague musique. Il ouvrit lui-même la portière :

« Entre. »

Il la repoussa sans bruit, se coula sous le volant, abaissa légèrement la glace : la voiture empestait le parfum.

« Voilà. Je te propose un job peinard, propre et régulier : aucun risque. Et bien payé ! »

Il ouvrit son portefeuille, fit claquer une liasse.

« Quel boulot ? redemanda le Portugais.

— C'est simple. Ce soir, tu vas prendre l'express Brest-Paris. Tu voyageras en première. Un homme y montera avec toi. Tu ne le perds pas de vue. Il va à Paris, en principe, doit rentrer par le train de nuit demain. Mais quoi qu'il fasse, où qu'il aille, tu notes tout : les endroits où il descend, les gens qu'il rencontre, etc. Tout. Et tu reviens dans le même train que lui. Pas plus compliqué que ça ! »

Le Portugais demeura un moment silencieux.

« Vous lui voulez quoi, à ce type ? Qui c'est ?

— Tt, tt ! Ça, mon gars, c'est pas tes oignons ! Je veux que tu m'apportes l'emploi du temps précis du gus, depuis la seconde où il entrera dans son compartiment jusqu'à celle où il posera le pied sur le ciment de la gare de Brest, lundi matin. Un point c'est tout. Qu'est-ce que tu crains ? Tu t'offres un voyage du tonnerre à Paris, compartiment luxe, et tu es de retour lundi, assez tôt pour aller faire l'andouille à l'embauche, si t'es pas encore dégoûté ! Tous frais payés ! Et cinq cents balles en prime ! Autant au retour ! »

Derechef il fit claquer les billets.

« Mille balles la balade, tu te rends compte ? »

Le Portugais restait sur la défensive. Tenté, mais se posant des questions, flairant quelque piège.

« Comment je le reconnaîtrai ? »

Chabert retira de son portefeuille une photographie, la posa sur les genoux de son voisin :
« Tu peux la garder. Alors, c'est d'accord ?
— J'ai besoin de réfléchir », dit le Portugais.
La photo tremblait entre ses doigts.
« Pas question, dit Chabert froidement. C'est ce soir, train de vingt et une heures vingt-cinq, pas dans six mois. Donne. »
Il avança la main pour reprendre la photo. En même temps il épiait la coursive de la *Marie-José*, où un matelot en ciré jaune venait d'apparaître.
« Eh bien ?
— Ça va, dit le Portugais, je marche.
— Parfait. Voici le prix de ton billet, arrondi. Et les cinq cents francs. Tu vois, je te fais confiance ! Dès que tu rentres, tu passes au rapport, et je te refile le reliquat. Je peux te téléphoner ?
— Oui, au Foyer.
— Qui je demande ?
— Pereira. Manoel Pereira. Et vous ?
— Moi, quoi ?
— Qui êtes-vous ? »
Chabert se pencha pour lui ouvrir la portière. La coursive, là-haut, était de nouveau déserte.
« Il est préférable, pour toi comme pour moi, que tu n'en saches rien. Salut. Ah ! j'oubliais. Cela reste entre nous deux, bien entendu ? Pas un mot à la reine mère ! O.K. ?
— J'avais bien compris, dit Pereira.
— Alors bonne chance, mon vieux. »
Il le laissa s'éloigner, avant de s'extraire à son tour de la Chrysler. Sa voiture, une vieille Renault 16, toute cabossée, était planquée cinquante mètres plus loin, rue des Colonies. Les ressorts du siège geignirent abominablement, quand il s'assit. Il déboutonna son imper, jeta derrière lui la casquette et les lunettes, alluma

une gauloise, rejeta la fumée, voluptueusement. « Affaire rondement menée, se dit-il. Ça sert d'avoir été flic : j'ai encore la main ! »

Il eut un rire sourd :

« Quand même, tout ce cirque pour une histoire de cul ! »

Il mit le contact, lança la voiture.

« Et maintenant, petite sœur, va falloir encore casquer ! »

Chabert savait qu'Éric quittait la villa régulièrement dès sept heures trente, pour gagner la zone industrielle, où se trouvait l'usine de chaussures. Par prudence toutefois, il préféra s'annoncer, téléphona du poste automatique de la rue Lacordaire. Il dut attendre longtemps : sa sœur se déplaçait difficilement.

« Allô ! Fabienne ? Jef. Ça y est, j'ai ton type. Je peux te voir ?

— Oui, arrive. »

La grille du parc était ouverte. Le père Delarue, le jardinier, un immense parapluie noir déployé au-dessus de lui, regagnait la maison de garde qui coiffait le portail. Chabert nota que le bonhomme était cravaté, habillé de sombre, mais il n'accorda à ce détail qu'une attention distraite. Il arrêta la voiture au bas de la terrasse, grimpa les marches d'un pas alerte. Il sonna, ouvrit, pénétra dans le hall.

« Fabienne ? »

La voix de sa sœur lui parvint du fond de la maison :

« Amène-toi. »

Il traversa le séjour, remonta le couloir intérieur. Un chuintement sur la moquette l'avertit que Fabienne se trouvait dans le petit salon. Il frappa, entra.

« Assois-toi. »

Fabienne était assise dans sa chaise roulante, les cheveux dénoués, accoutrée d'un peignoir coq-de-roche qui s'entrouvrait sur la chemise de nuit et découvrait les jambes maigres.

Chabert lui résuma la scène du port. Elle gardait un visage bougon.

« Un Portugais... » fit-elle.

Et c'était comme si elle crachait une saleté.

« Tu aurais sans doute préféré un Aryen blond ? persifla Chabert. Désolé, il fallait le spécifier ! »

La bague de Fabienne claqua contre le support de l'accoudoir :

« Arrête tes pitreries. On peut compter sur lui ?

— Ah ! oui ! Il est parfait ! Il vient de l'Ile-Longue, il ne connaît personne à Brest, pas de famille. Et encore plus fauché que moi : c'est dire ! Je le reverrai lundi matin. »

Il toussota :

« Il a tiqué à propos du prix. Je me suis permis de monter jusqu'à mille balles pour le solde... J'ai cru bien faire. Je suppose que le jeu en valait la chandelle ? »

La petite voiture vira sur elle-même. Les roues caoutchoutées écrasèrent la moquette en direction de la chambre, dont la porte était restée entrebâillée. Dans la glace qui surmontait la coiffeuse, il la vit qui tournait la clef d'un secrétaire, en sortait une sacoche de cuir pansue, où elle prit une poignée de billets, qu'elle compta en se mouillant l'index.

« N'oublie pas ma commission ! »

La garce, songeait-il. Elle ne s'améliore pas. Elle doit aimer ça, tripoter le papier-monnaie !

Elle refermait le secrétaire, repassait la porte, lui tendant une liasse :

« Ça, c'est pour ton Portugais...

— Merci.

— Et voici pour toi. »

Il saisit les deux billets avec une grimace. Deux cents francs pour lui apprendre qu'elle était cocue, ça ne payait pas. Heureusement il avait ses petites compensations ailleurs.

« Voilà, dit Fabienne. Je crois que nos comptes sont en règle. »

Chabert observait sa sœur, un sourire apitoyé aux lèvres. Jusqu'à cet accident de voiture, treize mois plus tôt, Fabienne avait remarquablement conduit sa barque. Le coup de génie : son mariage avec un riche crevard, lequel avait le bon goût de rendre l'âme dans l'année, la laissant à la tête d'une affaire énorme. Désormais elle pouvait tout s'offrir, même l'amour, sous les traits d'Éric Fontange, un bellâtre sans talent, histrion famélique qui chassait le cacheton d'une station régionale à l'autre et à qui elle avait ouvert son lit et sa fortune. Fontange... Chabert voyait son image de profil sur le bar marqueté : casque léonin, prunelle de velours, lèvre sensuelle. Barrant le coin inférieur de la photographie, la griffe fameuse : *studio Hartman*. Hartman, le portraitiste des vedettes. Elle l'avait acheté, comme le reste. Il était son mâle de luxe, il ne déparait pas l'agencement cossu de cet intérieur, les meubles signés, les toiles de maîtres, les bibelots de collection... Et puis le sort avait tourné casaque. Il avait suffi d'un virage manqué à la sortie de Quimper. La kyrielle des opérations, la rééducation, interminable. Quand Fabienne était rentrée, trois mois plus tôt, elle n'était plus qu'une vieillarde, clouée à son fauteuil d'infirme. Recouvrerait-elle jamais l'usage de ses jambes ? Elle, elle y croyait. L'avant-veille, elle avait fait à Chabert une démonstration des progrès de la convalescence. Elle avait lâché sa petite voiture, avait tenté quelques pas, en s'appuyant sur ses cannes. C'était à pleurer. Fabienne n'acceptait pas, elle s'accrochait, rageuse, impatiente, despotique ! En même temps, imbue de respectabilité. C'était la raison unique pour laquelle, quarante-huit heures plus tôt, elle avait requis les services de Chabert.

« Éric me trompe. Il monte à Paris le samedi soir. Pour rejoindre sa maîtresse, j'en suis certaine. Je veux que tu tires ça au clair ! »

Un peu époustouflé par ce déballage intime, Chabert lui avait fait remarquer qu'il existait sur la place des agences spécialisées dans ce genre de filature. Mais il n'en était pas question ! Il fallait que cela restât en famille. Et fort opportunément Fabienne s'était souvenue qu'elle disposait d'un frère dans le secteur. Combien de fois Chabert avait-il mis les pieds chez les Fontange depuis sa rupture avec Maud ? Il était le fruit sec, la brebis galeuse, la scandaleuse antithèse dans cette réussite.

Aujourd'hui, Chabert dégustait sa revanche. Et il souriait en regardant la petite vieille ratatinée au fond de la chaise roulante. Vieille, impotente et cocue : la balance était déjà plus égale.

Il se leva.

« Qu'est-ce que tu comptes faire ? En admettant, bien sûr, que tes soupçons se vérifient ? »

La réplique aussitôt grinça :

« Ça, mon petit vieux, c'est pas tes affaires ! Occupe-toi de ton boulot, et laisse-moi le mien !

— Très juste », dit Chabert.

Il continuait d'arborer son expression béate, conscient que ce sourire exaspérait sa sœur. Il mesurait l'effort qu'elle avait dû consentir avant de lui faire cet aveu :

« Éric me trompe. »

Un aveu qu'elle ne lui pardonnerait jamais.

Il dit: « Adieu, porte-toi bien quand même » et tourna les talons. La pluie avait cessé. Derrière les tilleuls du parc le ciel était rose et turquoise. Le vent virait vers le nord-est, car Chabert percevait distinctement le halètement d'une locomotive qui manœuvrait en gare. Il va faire beau, songea-t-il. Il se sentait détendu, euphorique. Vingt mille francs de commission, cinquante mille qu'il avait réussi à soustraire à sa sœur dans le dos du Portugais: c'était correct. Il allait pouvoir passer un week-end confortable.

Il retrouva la Renault, mit en route, sortit de la propriété.

Samedi, 20 h 40.

L'homme qui vient de passer la porte de la gare est grand, élégant, avec une chevelure blonde très drue, des épaules d'athlète. Il porte un manteau en poil de chameau caramel, des souliers cognac et des gants assortis. A son poing gauche, une large valise en cuir jaune. Manoel, subrepticement, ouvre la main, consulte la photo. C'est bien lui. Il se félicite d'être arrivé si tôt. Vingt heures quarante, dit l'horloge. Peu de monde encore. Quelques marins somnolent, étalés sur les banquettes.

L'homme traverse le hall d'un pas nonchalant, on dirait qu'il danse. Il se dirige vers le bureau de tabac, commande à voix forte deux paquets de Rothmans, qu'il enfonce dans l'une des poches de son pardessus. De la même allure souple, il atteint le kiosque, hésite quelques secondes, soulève un journal illustré, puis un deuxième. Il les plie, les glisse sous son bras gauche, tend une monnaie. Il vient se poster à quelques mètres du couloir d'entrée, pose sa valise, se dégante. Une bague jette un éclair. L'homme attaque une des boîtes de Rothmans, en extrait une cigarette, qu'il enflamme à un minuscule briquet couleur or. Il rejette un nuage bleuté, promène sur le hall un regard circulaire.

Manoel se tasse contre le panneau mobile, feint de s'absorber dans la lecture des horaires. Mais non : les yeux de l'homme ont glissé sur lui sans le voir. Il fume, paisiblement, l'air absent.

La porte extérieure maintenant s'écarte sans arrêt, projetant dans le hall un filet glacé. Manoel frissonne dans son mince complet d'été. Il se dit qu'à cette heure il pourrait être assis devant la télé, bien au chaud, dans la salle commune du Foyer, ou bien dans sa chambre. Oui, c'est samedi, il serait déjà dans sa chambre. Et il écrirait à Maria. Il lui écrit presque chaque samedi soir. *Maria, ce ne sera pas encore ce Noël que nous serons ensemble. Mais le père Jaouen espère réussir bientôt à me trouver quelque chose. Dès que j'aurai l'argent...* Le père Jaouen... Manoel voit encore son regard étonné quand, en début d'après-midi, il lui a annoncé :

« Je serai absent jusqu'à lundi. »

Il n'a pas posé de questions, c'est Manoel qui a ajouté :

« Des amis m'ont invité... »

Il n'a pas d'amis, il est comme un loup solitaire. Et le père Jaouen le sait. Pourtant, il a souri, il a dit :

« Je te souhaite un bon week-end, Manoel ! »

Une sonnerie grésille. Des souliers ferrés tintent. Grincement d'une serrure. L'homme a repris sa valise. Il est le premier devant la porte au moment où elle s'ouvre. Manoel s'approche. Il voit le gant marron présenter un billet, serrer la main du contrôleur. Quelques mots :

« Très bien merci... Pas chaud, hé ! »

Il s'éloigne. Manoel s'installe dans la file, progresse, parvient devant le poinçonneur. Sa main manque d'assurance en tendant le carton. Il devine les yeux de l'employé posés sur lui, baisse la tête comme un coupable. Claquement du composteur.

« Passez ! »

Il est sur le quai. Des gendarmes maritimes, casqués, battent la semelle, Manoel enfonce les mains dans les poches de sa veste. Dans son poing droit il serre le mince rectangle de carton. Il n'a aucun bagage. Pourquoi des bagages ? Il ne dormira pas, pas avant lundi matin.

L'homme a pris de l'avance. C'est curieux, dès qu'il a posé le pied sur le quai, son allure a changé. Il foule le ciment à larges enjambées. La valise jaune se balance à sa main. Manoel le laisse creuser l'écart, il ralentit encore sa marche. Le gel transperce ses minces vêtements, lui mord les joues comme un acide. Il remonte le train illuminé. Des vapeurs fusent au niveau des roues huilées, s'étalent sur le ciment. Un grelot palpite quelque part.

Là-bas, l'homme s'est arrêté. Il contrôle un panneau au flanc du wagon, saisit la main courante, se hisse. Manoel repère l'endroit, il note que juste au niveau de la portière, il y a un pilier, au haut duquel une horloge marque vingt heures cinquante. Il continue d'avancer, sans se presser, étourdi de froid. Il rêve à la minuscule chambre au Foyer, qu'il partage avec Joaquim. Joaquim non plus ne lui a rien demandé. Il est si secret, Manoel ! Lui aussi a dit :

« *Até a vista ! Diverte-se bem*[1] ! »

Et ses yeux riaient... Une fille, oui, il a pensé qu'il allait voir une fille ! Manoel soupire. Les

1. Au revoir ! Amuse-toi bien !

femmes, il y a longtemps qu'il a oublié leur odeur, la chaleur de leurs caresses. Les putains de Recouvrance ou de la rue Saint-Marc, sont bien trop chères pour lui. Maria... Naguère encore il espérait qu'elle viendrait le rejoindre, mais ce n'est plus possible maintenant. Il partira, aussitôt qu'il le pourra. *Ce ne sera pas encore ce Noël... Maria, embrasse bien les enfants.*

Le voici au pied de l'horloge. Il est seul. Sans le vouloir, il a forcé l'allure, a distancé les autres voyageurs, qui s'égaillent comme de gros bourdons le long des wagons. Il monte. La chaleur lui tombe sur les épaules, fait palpiter son cœur. Il pousse une porte. Timidement ses pieds gelés foulent la moquette. Il a l'impression d'avoir été soudain projeté dans un salon bourgeois. Luxe des boiseries vernissées, éclat des miroirs et des chromes. Ses mains fourmillent. Il remonte le couloir désert, vérifiant au passage les compartiments. Il arrive au bout du wagon sans avoir aperçu l'homme au manteau caramel.

Il redescend sur le quai, repère l'horloge. Il s'avance pour lire l'écriteau accroché au train.

« ... cherchez quelque chose ? »

L'homme, engoncé dans un cache-nez de laine grenat, porte casquette à visière, crayon à l'oreille, classeur sous le bras. Manoel balbutie :

« Les premières... »

Le type s'esclaffe :

« ... savez pas lire peut-être ? »

Il pointe un index péremptoire, épluche Manoel de pied en cap. Il a de petits yeux sans cils, de lourdes joues blêmes, traversées de sillons verticaux. De la fumée monte de ses lèvres.

« Excusez-moi », dit Manoel.

Il regrimpe dans la voiture, qu'il inventorie en sens inverse. Personne. Il est revenu à son point de départ. Dehors, un couple âgé se prépare à monter. L'horloge indique vingt heures cinquante-cinq. Manoel est très ennuyé. Est-ce qu'il se serait trompé de wagon ?

C'est alors qu'il aperçoit la valise.

Samedi, 20 h 55.

En sortant du Cuzco, Chabert était pompette, sans plus, et il aurait lui-même pu citer des tas de soirs qui battaient largement celui-ci au nombre de verres de rhum et de White-Horse ingurgités. En somme, pour un samedi à vingt et une heures, il était dans un état normal : panse bouffie, démarche molle, mais intellect relativement clair.

« Moi, c'est Jef, dit-il. Et toi ? ton petit nom ?

— Mariette, dit la fille.

— Mariette, c'est joli ! »

Il fredonna : *Mariette, jolie brunette...*, lui pinça la croupe, eut un rire graillonnant, qui se prolongea en toux.

« Viens.

— Où tu m'emmènes ? dit la fille. Ma piaule, c'est à côté.

— On fait un brin de balade, tu veux ? Ça nous fouettera le sang. T'as bien une minute ?

— Bien sûr », dit la fille.

Il l'avait ramassée à la sortie du bar. Il y en avait toujours deux ou trois dans les parages à épier le chaland. Mais celle-ci, Jef ne la connaissait pas : une petite brune bien en chair, avec un nez retroussé et des yeux doux.

Ils marchèrent vers la mer. Autour d'eux, le port étendait ses tentacules noirs. Quelques étoiles grelottaient au ciel, toutes décolorées. Dans les fondrières de la chaussée, les flaques d'eau déjà gelaient. Jef avait passé le bras autour de l'épaule de la fille et lui pelotait le sein. Elle se serrait contre sa canadienne, cherchant la tiédeur du corps.

« Ça va ?

— Oui... J'ai froid.

— J'aime le froid, dit Chabert, et la pluie. J'aime l'hiver. »

Il était bien, un peu tâtonnant sur ses jambes et du brouillard à l'estomac, mais le Négrita lui tenait chaud.

Ils longèrent le Bassin N° 3. Chabert reniflait, emplissait ses poumons des parfums de tanin, de cordages, de bois. La *Marie-José* était toujours là-bas. Chabert rit en sourdine, se remémorant la blondasse qui se sauvait vers la coupée.

« Pourquoi tu te marres ?

— Fais pas attention. C'est un truc qui me trottait dans la tête... Une femme... »

Il sentit que la main de la fille cherchait sa main, tâtait son annulaire.

« Marié ?

— Je ne sais plus, dit Chabert gravement. Je crois bien que oui... »

Il recommença à lui frictionner le nichon.

« Où on va ? dit la fille.

— Nulle part. On se promène, gentiment, on est tous les deux... T'es pas bien ?

— Si, dit-elle, sans conviction.

— Ici, je suis chez moi, continuait Chabert. Dès que j'ai un problème, ou un coup de bourdon, j'arrive, je déambule d'un quai à l'autre. On n'est jamais seul. Il y a les bateaux, le vent, la mer, les mouettes... Et toi, tu aimes ?

— Tu sais, dit-elle, moi, les mouettes... »

Il s'arrêta, la fille pelotonnée contre lui.

« T'as déjà entendu les sirènes ?

— Les sirènes ? »

Il l'examinait, perplexe :

« D'où tu débarques ? C'est vrai, je ne t'ai jamais vue...

— De La Roche-sur-Yon, dit-elle. Je ne suis ici que depuis une quinzaine.

— De La Roche-sur-Yon ! Mon pauvre petit, non, bien sûr, tu ne peux pas savoir... »

Elle se frotta contre lui, ronronna :

« Qu'est-ce que c'est, chéri ? Dis-moi... »

Il hocha la tête :

« Ça se passe le dernier jour de l'année, à la fin de la dernière heure... Tous les rafiots s'y mettent, à la même minute, des gros tankers au plus modeste mouille-cul, tous ensemble ! Ils chantent ! Il y a des lumières partout, des guirlandes de lumières, qui brûlent sur l'eau comme des soleils ! C'est beau. Tu comprends ? »

Elle dit oui, poliment, se permit d'ajouter qu'elle était frigorifiée et qu'ils pourraient peut-être rentrer.

Il s'écarta rudement, dégrisé, resta planté devant elle, un peu hébété, tanguant sur ses jambes écartées.

« Rentrer ? Pour quoi faire ?

— Mais l'amour, chéri ! »

Il leva un bras menaçant :

« Ferme-la ! L'amour, tu dis ? »

Une rogne sauvage, irraisonnée gonflait ses veines :

« L'amour, t'as pas le droit d'en parler, c'est pas pour toi, bas les pattes ! Tais-toi, je te dis ! Salope ! Alors, tu pensais qu'à ça, hein ? Pendant que je te causais, toi, tu rêvais à ton pognon ! »

Il prit son portefeuille, jeta des billets, à la volée :

« Ramasse... Et fous le camp ! Fous le camp tout de suite ! »

Terrorisée, la fille attrapait l'argent, reculait, les lèvres gigotantes, et se mettait à courir.

« Pochetée ! Chienne ! Sale connasse ! »

Le moulin à injures s'enraya. Une envie brutale de vomir lui tordit les tripes. Il revint à pas flageolants, en direction de la voiture. Sa colère s'était tarie, le laissant aux prises avec sa ventrée d'alcool et ses souvenirs. Qu'est-ce qui lui avait pris de parler de ça à cette pute ? Les sirènes, c'était Maud, personne d'autre ! La petite fenêtre de la maison, rue Le-Gonidec, les douze coups de minuit, et eux tous les deux, serrés l'un contre l'autre, contemplant les lumières du port, écoutant...

« Bonne année, Jef ! — Bonne année, ma chérie ! »

Chabert dodelina du menton, pleurnicha, c'est fini, Maud est partie, partie... Il rota, se dit : « Ça y est, je vais dégueuler. » Il s'arrêta pour pisser contre une bagnole, repartit, dérapa sur une lame de glace, faillit s'étaler, s'insulta, sac à vin ! pauvre mec !

Il parvint à la voiture. Voilà. Sa soirée à lui était terminée, et il n'avait pas tiré son coup.

« Au fond, j'en avais pas envie. J'aurais même pas pu... Alors, Mariette, la pauvre môme... »

Il allait rentrer, se fourrer entre ses draps, dormir, dormir comme une brute.

Il s'installa au volant, alluma le plafonnier pour voir l'heure à sa montre. Vingt et une heures cinq. Un peu tôt, tout de même, pour se mettre au pieu. Dans le rétroviseur, il aperçut son visage, discerna une trace luisante sur sa joue. Pauvre con, voilà que tu chiales !

Il éteignit, se renversa contre le dossier, regarda la nuit, l'œil vide, pensant confusément à Maud, aux sirènes, à la pute qui se carapatait... La sainte trouille qu'il lui avait flanquée ! Ses yeux se fermèrent.

Samedi, 21 h 05.

Fabienne bloqua le frein du fauteuil, se pencha, réussit à atteindre le robinet, qu'elle referma. Son bain était prêt, il ne lui restait plus qu'à attendre.

Elle attrapa ses deux cannes, serra les dents, se mit debout. Elle transpirait, le moindre geste lui coûtait un effort extraordinaire. Elle s'observa dans la glace embuée, grimaça devant cette femme aux cheveux plats d'un gris sale, au teint terreux, à la poitrine dévastée. Une vieille. La vieille épouse d'Éric. Éric et sa crinière d'or, sa denture avantageuse, ses yeux enjôleurs... « Il ne m'aime pas, il ne m'a jamais aimée. Je l'ai acheté, j'ai mis le prix. Il y avait cette clause tacite entre nous : mon fric contre sa belle gueule. Mais attention ! Qu'il respecte le contrat, sinon... » Oui, elle allait se battre, jusqu'au bout !

« Qu'est-ce que tu comptes faire ? » avait demandé Jef.

Elle ne le savait pas, elle savait simplement qu'Éric paierait, très cher...

Elle eut un vertige. La pièce baignait dans une chaleur d'étuve. Éric... Son baiser si tendre, tout à l'heure... Qu'est-ce qu'il voulait se faire pardonner ? « Éric me trompe ». Depuis son retour, trois mois plus tôt du centre de cure, c'était son idée fixe. Mais là-bas déjà, elle y pensait. Le mal était dans sa tête, comme une tumeur gourmande déployant ses surgeons. « Il est seul à Brest, et toutes ces femmes qui tourniquent autour de lui... »

De nouveau, elle examina dans le miroir la forme floue : celle d'un vieux bébé vacillant sur ses jambes grêles comme des pattes de poulet. Elle tomba sur le siège, lâcha ses cannes, appuya sur les roues. Elle revint dans le séjour. Éric, avant de sortir, avait allumé la télévision. Elle regarda sans voir les images qui s'agitaient. Seulement neuf heures dix ? Elle aurait cru qu'il était plus tard. Il était vrai qu'Éric l'avait quittée très tôt, bien trop tôt : son train n'était qu'à neuf heures vingt-cinq. Elle avait même été sur le point de lui en faire la remarque, mais à quoi bon ?

Fabienne se promena un moment dans la salle. Les roues à chaque tour émettaient un couinement plaintif. Éric avait une réponse pour tout, bien ajustée... trop bien ajustée ! Et c'était ce qui l'agaçait, l'affermissait aussi dans sa conviction, elle l'avait dit à Jef. Fabienne grinça des dents. Et ce minable qui enregistrait tout, goulûment, qui se délectait de sa misère !

« Au fond, tu n'as aucune preuve ? »

C'était vrai. Rien, pas un fait précis, une lettre, par exemple. Les cocus ont toujours une lettre en réserve :

Votre mari vous trompe. Il y a ci, il y a ça...

Des lettres anonymes, Dieu sait pourtant qu'ils en avaient reçu ! Insultes et menaces. De la même bande d'excités, sans doute, qui avaient barbouillé leur mur, quelques mois plus tôt. On ne leur pardonnait pas leur prospérité, on leur faisait grief de travailler pour l'armée, d'avoir applaudi au succès de Chopinet, de cotiser au M.A.C., et autres reproches de même farine. Mais jamais une allusion à leur vie privée. On n'y aurait pas manqué, pourtant, si on l'avait pu.

« Si Éric me trompait, ça se saurait. »

Très exactement ce que disait cet imbécile de Jef. La vérité était que la jalousie bouillonnait en elle depuis trop de mois, se fortifiant de vétilles, s'aigrissant un peu plus chaque jour, dans une sorte d'infernal circuit fermé. Le bref voyage d'Éric à Paris avait crevé l'abcès, et le flot avait coulé, emportant son bon sens. Parce qu'il fallait qu'elle eût perdu la tête pour mettre un soiffard comme Jef dans le coup. Et à présent Éric se baladait avec ce sauvage d'immigré à ses basques ! Délirant !

Fabienne fit virevolter le fauteuil. L'une des roues accrocha un cendrier sur pied, qui se renversa. Elle contempla les courts cylindres de liège éparpillés sur le Kirman d'origine. Elle songeait que c'était ce genre de signes infimes qui depuis son retour l'avait hérissée : avant, Éric ne fumait pas. Oui, il avait changé. Et pourtant il n'était pas moins prévenant, moins tendre. Ils avaient chacun leur chambre, mais la santé de Fabienne l'exigeait. La veille encore ils avaient fait l'amour.

Elle y rêva un instant. « Mon bel amant infatigable... Si c'était vrai... Si je me trompais... »

Un train siffla. Le train d'Éric ? Inexplicablement, elle eut un léger picotement au cœur. Vingt et une heures dix. « J'espère qu'il aura laissé la porte ouverte. »

Elle revint vers le poste de télévision. Quelque chose craqua, en direction de l'entrée. Fabienne fit volte-face :

« C'est vous ? »

Pas de réponse. Elle avait dû se tromper. Ou bien ce n'était que le travail du bois dans une huisserie. Le silence. La télé aussi se taisait. Sur l'écran, de trois quarts, elle voyait les deux amants en gros plan, qui s'embrassaient.

Un objet dégringola, tout près, du côté du bureau. Fabienne hésita, puis elle actionna les roues. Elle aperçut le rai de lumière.

Samedi, 22 h 45.

Le couloir des premières était vide. Manoel s'était assis sur le coin de la valise, à l'entrée du wagon, et luttait contre le sommeil dans le martèlement des roues, tête dans les mains, coudes aux cuisses. Il se serait bien offert l'un des fauteuils — il avait noté qu'il en restait plusieurs inoccupés — mais il n'osait pas déranger une fois de plus : les rideaux étaient tirés, les lampes avaient été mises en veilleuse ou éteintes. A trois reprises déjà, il avait passé en revue chacun des compartiments, s'attirant des regards irrités. Un voyageur lui avait demandé ce qu'il cherchait, un autre avait été plus direct :

« Les secondes, c'est par là ! »

Chaque fois il avait battu en retraite, en bredouillant des excuses, piteusement. Il ne pouvait tout de même pas leur expliquer :

« On m'a engagé pour suivre un type, et je l'ai perdu ! »

C'était la vérité pourtant, l'incroyable vérité : l'homme qu'il avait vu monter dans le wagon, quelques dizaines de mètres avant lui, avait disparu.

Sa valise, elle, était là, sous les fesses de Manoel. Il l'avait examinée à loisir. Pas d'étiquette porte-adresse, mais il s'agissait bien de celle qu'il avait remarquée à la main de l'individu en manteau caramel, une valise en porc, presque carrée, avec deux larges serrures à ressort, et un soufflet liseré d'une piqûre sellier, dans lequel étaient glissés deux journaux : *Rivarol* et *Paris-Stop*. Il avait été tenté de l'ouvrir, mais ça lui aurait appris quoi ? Sans parler du risque, si quelqu'un l'avait surpris.

Manoel bâilla, se pétrit les globes oculaires. Il avait renoncé à s'interroger, renoncé à comprendre. Il n'avait plus qu'une idée, élémentaire : arriver à destination et revenir à Brest par le premier train. Une histoire de fous. Enrôlé par un inconnu, pour coller au train d'un autre inconnu, lequel s'était réduit en fumée sous ses yeux ! Qu'est-ce qu'il allait raconter au gars qui l'avait recruté sur le port ? Il n'avait même pas la ressource de l'appeler pour le mettre au courant de ce qui se passait — il aurait pu descendre à Rennes, par exemple, il y avait songé — puisqu'il n'avait aucun moyen de le joindre, ne savait rien de lui : pas de nom, pas d'adresse, une silhouette grise entrevue dans la nuit et le crachin.

Manoel s'ankylosait. Il se remit debout, appuya le front contre la glace. Dehors, l'obscurité, hachée de fantômes fugitifs, arbres ou poteaux, et parfois la luciole d'une ferme ou la tache livide d'une mare qu'on devinait coagulée par le froid.

L'esprit de Manoel voyageait, très loin, par-delà la nuit. Que faisait Maria à cette heure ? Elle n'était pas au lit, elle avait couché les trois gosses, elle ravaudait, dans la pièce commune, ou écalait des amandes. Peut-être Lucia, sa plus jeune sœur, s'était-elle jointe à elle ? Comme il regrettait de ne pas lui avoir écrit quelques lignes avant de partir ! Manoel ne s'était jamais senti si seul.

La flèche d'un rapide jaillit, dans un sifflement. Manoel sursauta, s'écarta de la vitre, le cœur battant. Il était bien impressionnable ! La fatigue, sans doute. Et puis tout ce mystère le mettait mal à l'aise. Jamais il n'aurait dû se fourvoyer dans une pareille aventure. S'il avait suivi son premier mouvement, lorsque ce type sur le port l'avait accosté...

La porte du couloir fut vivement poussée. Le contrôleur s'avançait, le même qui l'avait interpellé sur le quai.

« Billet, si'ous plaît. »

Il l'avait déjà poinçonné. Qu'est-ce qu'il voulait encore ? Il avait saisi le billet, merci, et l'épluchait, côté pile, côté face, sa grosse bouille blafarde toute contractée, le carton collé à ses petits yeux de myope. Il le lui rendit, comme à regret.

« C'est à vous, la valise ? »

Manoel dit : « Non.

— Qu'est-ce qu'elle fiche là ? »

Manoel fit un geste d'ignorance. Le bonhomme le gratifiait d'un long regard oblique. Évident qu'il bouillait d'envie de lui demander ce qu'un type fagoté comme lui fabriquait à près de onze heures du soir, seul, dans un couloir de première.

Il n'osa pas, passa devant lui, dans un relent d'embrocation, remonta d'un pas nerveux le couloir, disparut.

Manoel s'assit de nouveau sur la valise, reprit sa faction sans objet.

Samedi, 23 heures.

Comme chaque soir à onze heures depuis les récentes mesures d'économie, les lampadaires s'éteignirent, alors qu'ils arrivaient à la hauteur de la rue Poullic-Al-Lor. Éva mit pied à terre, aussitôt imitée par son compagnon.

« Ici, dit-elle. Le Bon Dieu, il a planté ce mur exprès pour nous, hein ? »

Ils entrèrent dans la venelle, garèrent leurs vélos dans le minuscule square qui la flanquait sur la droite. Bob retira d'une sacoche le pot de peinture noire, un pinceau, un chiffon, revint vers Éva qui, au haut de la petite rue, promenait les mains sur la muraille d'angle pour délimiter son aire de travail.

Une voiture montait de l'avenue Salaün-Penquer, ses phares ratissaient les bas-côtés. Il lui saisit le bras, l'attira en arrière.

« On prend trop de risques. Imagine qu'une patrouille...

— Froussard ! dit Éva. On sera pas dérangés cette nuit : il fait bien trop froid pour le cul d'un flic ! »

Elle avait déjà empoigné le pinceau.

« Allez, les grands moyens ! Opération pissotière ! »

Il haussa les épaules, se plaça devant elle, dos tourné à l'avenue. Elle était si menue que d'éventuels passants ne distingueraient que cette grande silhouette absorbée et songeraient distraitement : un type en train de se soulager.

« Tu vois quelque chose ?

— Ça va. Ce truc, je le ferais dans un tunnel. Décolle un peu, tu veux ? »

Elle plongea le pinceau dans la peinture, se mit à barbouiller. Bob, soucieux, scrutait la nuit. Le coin ne lui plaisait pas. Trop près de la gare, où il y avait toujours des tas de poulets en faction, sans parler des contrôles possibles du M.A.C. Éva était incorrigible ! A jouer ainsi avec le feu...

« C'est O.K. ! » dit-elle en se redressant.

Elle essuya ses mains dans le chiffon, se recula :

« Ça te plaît ? »

Il craqua une allumette, examina le coin de mur où s'étalaient en lettres baveuses les mots : « CHRIST SAUVER ! CHRIST AMOUR ! » Il pouffa :

« Éva, tu as encore oublié le deuxième U de SAUVEUR !

— Bof ! dit-elle, le Bon Dieu, il se fâchera pas pour ça ! »

Il l'attrapa brusquement, l'enserra.

« Qu'est-ce qui te prend ?
— J'ai envie de toi ! On pourrait rentrer ?
— Non, mon gars, on a encore à faire ! »
Il essaya d'abaisser la fermeture de son jean, voulut l'entraîner dans l'obscurité de la ruelle. Elle se débattait, riait :
« Tu rigoles ! Ta queue, elle gèlerait ! Tu baiseras à la caravane, après le boulot ! »
Brusquement Bob s'arrêta, il fouilla le bas de la rue :
« Une bagnole.
— Je vois rien.
— Viens ! Vite ! »
Ils descendirent en courant jusqu'aux bicyclettes, se blottirent derrière une voiture en stationnement.
Le grondement grossissait. L'automobile montait le raidillon lentement, tous feux éteints, et ils ne l'entrevirent, à la vague réflexion d'une glace, qu'au moment où elle virait de bord et disparaissait, comme absorbée par la haute muraille d'une des propriétés bordant la ruelle.
« Tu l'as vu, dit Éva, ce dingue qui roulait sans phares ?
— Un distrait, dit Bob. Ça m'arrive aussi.
— Pas un distrait, dit Éva, il fait bien trop noir. Bob, on se tire ! Tout de suite ! »
Il fut surpris par le timbre de sa voix.
« Ça ne va pas ?
— Mais si... »
Ils enfourchèrent leurs vélos, restèrent quelques secondes immobiles.
« Éva, à quoi tu penses ?
— A un type très connu chez nous en Hollande (elle disait : en n'Hollande) : *Der Fliegende Holländer* ! »
Il traduisit, mécaniquement :
« Le Vaisseau fantôme... »

Elle éclata de rire: Bob prit sa main, et constata qu'elle était toute tremblante.

Samedi, 23 h 08.

« Et gardez bien la file! ordonna le chef. Faudrait voir à ne pas vous faire écharper par un express!

— Y'en a plus à c't'heure, affirma le soldat Bougalache. Le prochain est à...

— Silence dans les rangs! aboya le galonné. Oubliez pas la règle d'or du commando: rapidité et discrétion. L'ennemi est partout! »

Bougalache ricana méchamment, dit: « Poil au trou! », puis se tut.

Ils étaient là deux douzaines de gars, casqués, armés jusqu'aux yeux, qu'on avait largué dans la nature à la sortie de Brest. C'était dans le cadre de l'opération « Plan Myosotis », par laquelle, périodiquement, on entretenait les jarrets et le moral des Groupes d'Intervention. Depuis deux jours, briefings et démonstrations tactiques au tableau noir se succédaient, sur le thème: « Chopinet assassiné. Les Rouges prennent le pouvoir. Résistance et contre-attaque », pour s'achever par l'application sur le terrain. L'objectif de la manœuvre était simple: il fallait rallier Landerneau, afin d'y exécuter un coup de main surprise sur la gare. Il y avait une heure qu'on marchait le long de la voie ferrée. Les jambes se faisaient lourdes, les hommes soufflaient, la bise cisaillait les visages.

Quelqu'un ripa sur un caillou gelé, dit merde, évita de peu la culbute, grogna, c'est un monde!

« Complètement cintré qu'il est le chef! râlait

Bougalache en sourdine. Pourquoi on prend pas la nationale ? »

Un cri jaillit à l'avant. C'était Poiron. La file flotta, se disloqua, s'immobilisa.

« Quoi encore ? gueula le juteux. A vos rangs, Nom de Dieu !

— Un mec ! bégayait Poiron. Y a un mec ! »

D'autres exclamations montèrent. Jouant des coudes, le chef parvint à la hauteur des premiers.

« Regardez... »

Le corps était étendu, partie sur le chemin, partie contre l'amorce du talus. Le chef mit un genou à terre, se releva presque aussitôt :

« Il est raide, dit-il. Touchez à rien. La-Forêt est pas loin. Je file téléphoner à la gendarmerie.

Samedi, 23 h 20.

Une crampe au mollet gauche réveilla Chabert. Il se retourna, grogna, lâcha quelques borborygmes. Il se décida à entrouvrir les paupières, resta quelques secondes inerte, le cerveau pâteux. Puis il se redressa, bâilla. Il avait froid, des courbatures au dos et aux épaules. Il alluma le plafonnier. Onze heures vingt. Il avait roupillé plus de deux heures !

Il mit le contact, lança la voiture. Il se sentait relativement frais : il avait de l'entraînement, il récupérait vite. Il stoppa devant le pavillon qu'il occupait, rue Le-Gonidec. La R16 couchait régulièrement dehors. Lorsque le père Chabert avait fait construire la maisonnette en 46, sur ses dommages de guerre, il n'avait pas vu la nécessité de grignoter la place disponible au profit d'un garage dont il savait bien, le pauvre, qu'il n'aurait jamais l'usage. Depuis, c'était resté en l'état.

Chabert traversa le jardinet en friche, escalada les trois marches d'accès à la minuscule véranda, où Maud avant élevait des géraniums. Il n'y avait plus de géraniums, rien qu'une flopée de pots, par terre, sur des étagères, certains exhibant encore leurs moignons noirâtres.

Il poussa la porte de la cuisine, donna de la lumière. Surpris en plein sommeil, les canaris restaient figés, pelotes ébouriffées serties de deux perles noires.

« Salut les enfants ! Navré de vous déranger ! »

Il jeta la canadienne sur une chaise, tourna le bouton du transistor-pocket. C'était un geste presque machinal. Avec la radio, il se sentait moins seul. Il avait renoncé à la télé depuis que l'appareil — un vieux Schneider que Maud avait elle-même choisi — était tombé en panne, tube cathodique grillé. On lui avait demandé une somme folle pour le remettre en état, et il avait préféré laisser tomber. Mais le poste était toujours dans la salle, à la même place, à écarquiller son œil mort, jaune de poussière. Toute la pièce d'ailleurs était morte : Jef n'y mettait presque jamais les pieds.

Il fouina dans le frigo, revint avec un demi-camembert, s'assit, se tailla un solide quignon de pain, étala le fromage. Son verre était resté sur la table et la bouteille. Il se versa une pleine ration de rouge « Supérieur », but un coup, mordit dans le pain.

Les canaris, dans son dos, s'ébrouaient, donnaient de la voix. Il glissa entre les barreaux de la cage un croûton, les regarda un moment qui se disputaient autour de la nourriture. A la radio, une formation jouait *St Louis Blues*. Un saxo bramait. Jef était bien. Quoiqu'il ne poussât jamais la chaudière, la température de la pièce paraissait tiède, contrastant avec l'atmosphère du dehors.

Il ingurgita une dernière bouchée, grapilla quelques miettes sur la toile cirée, vida son verre, s'offrit une resucée, qu'il avala cul sec. Il fit claquer ses lèvres, se cura les dents à la pointe du couteau. Il se leva, estomac calé.

« Cette fois, les petits, on fait dodo ! »

Il ramassa le reste de camembert, se dirigea vers le réfrigérateur. Quatre notes de carillon tintèrent au poste :

« Et voici notre édition *Flash-dernière* ».

Chabert écoutait distraitement les titres à la une, tout en rangeant le fromage, le pain, la bouteille.

« Le général Chopinet présidera demain à Notre-Dame... En transit à Paris le ministre des Affaires étrangères de Rhodésie a déclaré... A l'occasion de la parution du second tome des *Mémoires* de Richard Nixon... »

Chabert ricana, guignols ! avança la main pour couper le son. Ses doigts s'immobilisèrent sur le bouton.

« Une dépêche de toute dernière minute nous parvient. Le cadavre d'un inconnu de sexe masculin vient d'être découvert en bordure de la voie ferrée Brest-Paris, une dizaine de kilomètres avant Landerneau. L'homme n'avait sur lui aucune pièce permettant de l'identifier. Voici son signalement : grand, chevelure blonde très fournie, vêtu d'un complet prince-de-galles à dominante verte, cravate rayée olive, chaussures et gants marron clair. Il porte une alliance de platine et une chevalière marquée aux initiales E. F. »

Chabert était retombé sur la chaise, ahuri, se

disant: « Je débloque, ça doit être les suites de ma muflée... » Il tendait l'oreille, escomptant obtenir d'autres renseignements, mais le speaker avait déjà enchaîné sur la météo du week-end.

Chabert éteignit le poste, se remit debout, se répéta ce qu'il venait d'entendre. Il ne rêvait pas, ça correspondait parfaitement à Fontange : la taille, les cheveux, les initiales. Il fit quelques pas, songeur. Fontange possédait-il un complet prince-de-galles vert ? Ça, Chabert l'ignorait. La garde-robe de son beau-frère était aussi fournie que celle d'une vedette et, du reste, il y avait belle lurette qu'il ne l'avait pas rencontré. Quant à la chevalière, Chabert avait beau solliciter ses souvenirs, il ne la voyait pas. « Je m'excite comme une gonzesse. Il doit bien y avoir des tapées de gars offrant ce type de coordonnées ! Même E. F., qu'est-ce que ça prouve ? E. F., ça pourrait aussi bien désigner, je ne sais pas... rien qu'à s'en tenir aux noms du coin... Eugène Floch, ou Émile Fichou, ou encore Édouard Férec... Une coïncidence, un point c'est tout ! »

Il pénétra dans la chambre. « Exactement, une coïncidence. D'ailleurs, Fontange, je m'en fous ! Voilà un qui ne m'empêchera pas de dormir ! »

Il ôta une manche de sa veste, mais suspendit aussitôt son déshabillage. « Les Delarue pourraient me tuyauter. L'un ou l'autre a sûrement vu Fontange partir. Il devrait bien être capable de me dire s'il avait sur lui ce foutu costard prince-de-galles ! »

Le bras de Chabert réintégra le fourreau. Il revint dans la cuisine. Le pavillon des gardiens ne bénéficiait pas du téléphone, mais la mère Delarue passait certainement la nuit à la villa. Cela lui arrivait de temps à autre, et on lui avait même aménagé à cette fin une sorte d'alcôve derrière l'office. S'il appelait, c'est elle qu'il aurait au bout du fil. Sauf erreur, il n'y avait qu'un appareil, situé dans le bureau ; il n'en existait pas, en tout cas, dans la chambre de l'infirme. La mère Delarue prendrait donc la communication. Elle allait tomber des nues !

« Un complet-veston ? Et c'est pour ça... »

Ou alors, elle aussi avait entendu le communiqué à la radio ? Non, à cette heure les deux femmes dormaient.

Chabert décrocha le combiné, forma le numéro, en se disant qu'il allait passer pour un fou, et Fontange, s'il l'apprenait, rigolerait bien... A l'autre bout, le grelot égrenait sa plainte. Chabert attendait, en s'agaçant les gencives de l'ongle de son auriculaire. Elles roupillaient, bien sûr. Le temps que la bonne femme passe des frusques... Plusieurs minutes s'écoulèrent, et Chabert commença à s'étonner. La petite pièce où l'employée passait la nuit faisait face au bureau de Fontange. Impossible qu'elle n'ait pas perçu la sonnerie, ni du reste Fabienne.

Il alluma une gauloise, réfléchit, troublé. Puis, d'un coup, il se décida. Il raccrocha, reprit sa canadienne, sortit.

Les volets du pavillon de garde étaient clos. Chabert poussa la grille, tambourina à la porte des Delarue. Sans succès. Tout restait silencieux. Il remonta l'allée. Le gravier sautait sous ses bottillons. D'un saut il effaça les marches de la terrasse, il appuya sur le bouton, longuement. Il écouta l'appel tremblé, réitéra son geste, secoua la poignée, cria :

« Il n'y a personne ? »

Il avait à présent la certitude d'un drame. Il redescendit, contourna la bâtisse. L'herbe de la pelouse s'écrasait sous ses pas avec un grésillement de verre pilé. Tous les volets étaient tirés. Il longeait le pignon ouest, quand il lui sembla remarquer une très vague lueur. Cela se situait à environ deux mètres cinquante du sol, au niveau d'une petite fenêtre carrée, sans persiennes, qui éclairait sans doute la salle de bain ou les W.-C. (Chabert dans l'obscurité s'orientait mal). Il avait l'impression que la croisée était ouverte.

Il se concentra, sauta, manqua son objectif. Il renouvela son essai plusieurs fois : il s'était beaucoup alourdi depuis quelques mois et négligeait toute espèce d'exercice physique. Sa main droite finit par accrocher une arête de ciment. Il se souleva, éleva l'autre main, se hissa, pesamment, en ahanant. Un rétablissement difficile. Ses genoux se posèrent sur le rebord de la fenêtre, effectivement ouverte. Son regard plongea au-dessous. Il distingua l'angle de la baignoire, des chromes qui luisaient.

Il se déhancha, réussit à virer de bord, atterrit sur le carrelage, souffle court, du plomb aux jarrets. Il repéra aisément la porte, soulignée d'un galon plus clair. Il s'avança. Quelque chose craqua sous sa chaussure. Il s'arrêta. Illusion ? Non, il percevait une voix de femme. Il esquissa un mouvement de retraite, qu'il arrêta aussitôt. Une voix masculine maintenant répondait, grave, paisible. Fabienne avec un homme, à cette heure ?

Chabert tira à lui précautionneusement le battant de la porte. C'était dans le séjour qu'on parlait, mais il ne distinguait pas les paroles, rien qu'un murmure. Une coulée de clarté se répandait par la double porte ouverte. Chabert traversa le couloir, s'immobilisa à l'entrée du séjour, comprit sa bévue.

La télé était en marche, son réduit au maximum. La vague lumière qu'il avait discernée depuis l'extérieur provenait de l'écran, au bout de la pièce, sur lequel s'inscrivait en gros plan le visage du journaliste commentant le dernier bulletin.

De sa place, Chabert distinguait assez bien les fauteuils du salon, disposés devant le poste — assez bien pour constater qu'ils étaient vides.

« Fabienne ? »

La voix de Chabert monta, se cassa. Sa main tâtonna sur la muraille, rencontra un commutateur. Un lustre monumental s'embrasa. Non, il n'y avait personne. Sous les feux irisés des cristaux taillés à facettes, le séjour étalait son luxe empesé. Seule note insolite : un grand cendrier sur pied renversé au bas d'une chauffeuse, et qui avait vomi ses mégots sur le tapis persan.

Chabert remonta le couloir, accompagnant sa progression d'appels sans conviction. Il inspecta la chambre de Fabienne. Vide. Le lit n'avait même pas été défait. Il visita toutes les pièces, la chambre d'Éric, le petit salon, les deux chambres d'amis, l'alcôve pour la bonne, avec son lit-cage encapuchonné d'un plaid africain. Puis le bureau.

La porte en était ouverte. Il alluma, vit aussitôt le désordre, la lampe basse abattue, des papiers épars, du verre éclaté sur le tapis. Quelques pas encore, et Chabert parvenait à la cuisine.

La lumière de la lampe à l'abat-jour de cretonne bleue tomba crûment sur le fauteuil d'infirme, couché sur le flanc. A terre, adossée à la voiture, la nuque contre la roue, les deux bras projetés de part et d'autre du corps sur le carrelage, il y avait Fabienne. Son peignoir coq-de-roche s'était ouvert, et c'était un étalage de graisse blanche, avec de larges trous noirs au cou, à la gorge, sous le sein gauche. Le sang avait coulé le long du ventre, s'était coagulé dans le nombril et dans les poils du pubis, il s'étalait en mare grasse sur le carrelage. Elle était là, offerte dans cette pose obscène, écartelée comme un bouddha femelle, les yeux exorbités. les lèvres tordues par une dernière crispation de terreur.

Chabert s'avança un peu, il secoua la tête :

« Eh bien, ma pauvre vieille, on ne t'a pas loupée ! »

Il ne savait pas trop ce qu'il allait faire, comprenait pourtant qu'il n'avait pas intérêt à s'incruster ici. Fabienne liquidée, Éric dont le sort ne paraissait pas plus enviable... Affaire trop grave pour que Chabert ne prenne pas un peu de recul. Premier impératif : effacer toute trace de son passage.

Il suivit en sens opposé l'itinéraire parcouru depuis son entrée, astiquant avec son mouchoir les objets qu'il avait pu effleurer : boutons de commutateurs, poignées, panneaux de portes, épluchant le sol, grattant toute tache suspecte.

Le travail exécuté, une à une il éteignit les lumières. Dans la chambre de Fabienne, il se rappela la sacoche. La clef était sur le secrétaire en bois de rose. Il entortilla sa main droite dans le mouchoir, tourna la clef, retira le sac du meuble. Il le vida sur le lit, y replaça quelques coupures, le relogea dans le secrétaire, donna un tour de clef.

Il enfouit les billets dans une poche de sa canadienne, gagna la salle de bain, alluma. Des débris de verre miroitèrent sur le damier du pavage. Chabert remarqua que la vitre de la petite fenêtre avait été brisée par le visiteur. Il nota aussi les deux cannes de l'infirme, au bas du lavabo, la baignoire pleine d'une eau bleu sombre.

Il refit l'obscurité, traversa le cabinet sur la

pointe des pieds. Au passage, il plongea le doigt dans l'eau de la baignoire. Froide. Il réussit sans trop de mal son ascension, et s'installa en équilibre inconfortable, les fesses posées sur le rebord extérieur, tandis que sa main, par-derrière, frottait l'huisserie de la fenêtre, l'entourage de ciment.

Une douleur lui brûla l'index. Il jura. Il s'était coupé : un éclat de verre, sans aucun doute. Il changea de main, activa son nettoyage, se laissa glisser en se retenant aux coudes, atterrit sur la pelouse.

Revenu à la R16, il constata, à la lueur du tableau de bord, que son doigt pissait le sang. Il bricola un garrot sommaire à l'aide du mouchoir, mit le moteur en marche, franchit la grille.

Il réintégra le pavillon sans avoir rencontré âme qui vive. Sous le robinet de la cuisine, il nettoya la coupure — une estafilade franche d'un bon centimètre, au niveau de la deuxième phalange. Comme l'armoire à pharmacie était à peu près vide, il sacrifia un mouchoir propre, sur lequel il préleva une bande étroite. Il l'enroula sur la blessure, en sépara l'extrémité en deux brides qu'il noua fortement. Il épousseta son pantalon, racla la semelle de ses chaussures au moyen d'une brosse en chiendent.

Sur la table de la cuisine, il déballa son butin, compta. Cinquante-sept billets de cent francs. Il sifflota : ça faisait une paie qu'il n'avait pas eu tant de liquide entre les doigts ! Il les camoufla dans le placard, au fond d'une boîte en fer-blanc qui avait contenu des crêpes-dentelles.

Minuit moins cinq. Il se prit les joues entre les mains et médita en regardant les canaris. Puis il se versa un petit verre, pour se clarifier les idées.

Il le but. Conclut qu'avant toute chose il fallait qu'il voie Maud.

Dimanche, 0 h 10.

« En me pointant chez toi, dit Chabert, il me restait un tout petit doute... concernant Éric. Plus possible désormais. »

Il avait commencé par là. La porte juste refermée, avant toute explication, il assaillait Maud, la secouait de questions sur Fontange, insistait, c'est primordial ! Et elle, ahurie, abrutie de sommeil, répondait sans comprendre : oui, Éric avait un complet vert prince-de-galles... il le portait encore la veille au bureau... Oui, il possédait une chevalière... Des initiales ? oui... non... elle ne l'aurait pas juré, mais...

« Enfin vas-tu me dire, Jef, ce que ça signifie ?

— Débat clos, avait tranché Jef Chabert. Les deux y ont bien passé : on est en deuil, Maud. Tiens, offre-moi un verre... »

Maintenant, il avait bouclé son histoire, il sirotait son scotch, grillait une gauloise, se détendait, de la sueur luisant à ses tempes. Il faisait très chaud chez Maud.

« Le plus clair de l'affaire, dit-il encore, c'est que j'hérite de tout... enfin, nous héritons ! »

Il suivit l'idée avec une curieuse expression d'étonnement presque enfantine, puis partit d'un rire épais, qui lui congestionna la face. Tout ce pognon, religieusement accumulé, et qui lui dégringolait dessus, à lui le moins que rien... Là où elle se trouvait Fabienne devait faire la grimace !

Il avala une gorgée de whisky.

« Marrant tout de même la vie, hein, Maud ? »

Elle le dévisageait avec effarement, debout devant lui, ses deux mains chiffonnant l'étoffe de la robe de chambre qu'elle avait passée à la va-vite, en s'emmêlant dans les boutonnières. Elle avait les paupières gonflées, un vilain teint brouillé. Elle n'arrêtait pas de répéter, sa lèvre inférieure travaillée de tics, c'est effrayant, je ne peux pas y croire. Et elle regardait Jef répandu au creux du fauteuil, et buvant son whisky, si carré, si tranquille... Il y avait encore une trace d'incrédulité dans les pupilles de Maud. Jef savait parfaitement ce qu'elle avait imaginé, en le voyant débarquer chez elle à minuit, pour lui infliger cet interrogatoire farfelu : qu'il était complètement paf. Mais elle devait bien se rendre compte que son récit se tenait. Non, Jef ne délirait pas ; les deux doigts qui serraient la gauloise tremblaient à peine.

Elle finit par s'asseoir.

« Je n'ai pas vu Fabienne depuis deux semaines. Mais Éric, je l'ai rencontré à la boîte tous les jours, hier encore. Il ne m'a parlé de rien, ni de l'absence des Delarue, ni de son voyage à Paris. »

Elle continuait de le regarder, comme s'il portait en lui la réponse à ses questions.

« C'est une vraie histoire de fous ! » dit Chabert philosophiquement.

Il se reversa à boire. Il ôta ses chaussures, avança le fauteuil, posa les pieds directement contre le radiateur, dit :

« Il fait bougrement bon chez toi !

— Jef...

— Oui ? »

Il lui tournait presque le dos et il dut se tordre le cou pour affronter son regard.

« Qu'est-ce que tu décides... pour la police ?

— Quoi, la police ?

— Il faudra bien que tu l'avertisses ?

— Je ne sais pas... Ça demande réflexion », dit Chabert.

Il bâilla, fit jouer ses orteils engourdis. Maud se leva, s'approcha, lentement.

« Qu'est-ce que tu redoutes ?

— La connerie des flics, dit Chabert.

— Tu raisonnes comme un enfant », dit-elle.

A cet instant, seulement, elle remarqua le pansement de fortune à sa main gauche.

« Tu es blessé ?

— Je me suis coupé en passant la fenêtre. Trois fois rien...

— Montre voir. »

Elle prit son doigt, examina le linge taché de sang.

« Je vais t'arranger ça... »

Elle entra dans le cabinet de toilette, revint avec de l'alcool à 90, de l'ouate, une boîte de Tricostéril. Elle s'agenouilla près du fauteuil, défit la bandelette, nettoya soigneusement la plaie. Elle était tout contre lui, il sentait son odeur, sa bonne odeur familière. La gorge menue palpitait sous la robe de chambre. A quelques centimètres, il voyait le visage gris, les traits un peu crispés.

« Maud, pour Fabienne... tu ne crois tout de même pas que... que c'est moi qui... »

Elle ne répondit pas tout de suite à sa question inachevée, mais très claire. Elle était entièrement à sa tâche, elle choisissait le ruban approprié, libérait les ailettes adhésives, appliquait la compresse, serrait.

Elle releva les yeux.

« Moi non... Mais les flics ? Ils vont certainement s'intéresser à toi... te faire, par exemple, préciser ton emploi du temps. »

Elle se redressa, ramassa la bande souillée, son matériel pharmaceutique :

« Tu leur diras quoi ?

— La vérité : qu'entre neuf heures et onze heures vingt, j'ai dormi dans la bagnole.

— Seul...

— Seul, bien entendu !

— Et la fille dont tu m'as parlé ?

— Je l'ai plaquée presque aussitôt. Tu sais, Maud, il n'y a rien eu entre nous ! »

Elle eut un geste d'agacement :

« Je ne te demande pas de comptes ! »

Elle s'en fut ranger son nécessaire dans l'armoire à pharmacie, réapparut.

« Crois-moi, j'aurais préféré cent fois qu'elle passe la soirée entière avec toi. Parce que de vingt et une heures à vingt-trois heures vingt, ça fait plus de deux heures, un trou de plus de deux heures !

— C'est vrai, convint Chabert. De quoi exciter la basse-cour. Raison de plus pour que je n'aille pas encore me vanter d'être entré à la villa par la fenêtre. Qu'ils se débrouillent sans moi : je fais le mort !

— Ils trouveront bien des traces de ton passage ?

— Ça m'étonnerait : j'ai tout briqué ! »

Elle lui décocha un regard aigu :

« Tu avais décidément pensé à tout !

— Réflexe professionnel : les empreintes, je connais.

— Ça ne règle rien », dit Maud.

Elle prit une royale, gaspilla trois allumettes avant de réussir à enflammer la cigarette. Elle s'assit.

« Dans tes allées et venues, tu n'as rencontré personne ?

— Non. Les rues étaient pratiquement vides ; le temps, il faut croire...

— Et en rentrant chez toi ?

— Personne. Pourquoi ? »

Elle observait sa cigarette qui rougeoyait au bout de ses doigts perlés de rose éteint.

« J'aimerais t'aider, Jef. Il faudrait qu'en quittant la fille tu sois allé directement dans un lieu où l'on pourrait témoigner t'avoir vu... »

Il écarta les bras en un geste d'impuissance.

« Je ne vois qu'un endroit possible, Jef. Ici même... »

Il la regarda, incrédule, la gorge bloquée.

« Tu ferais ça pour moi, Maud ? Pourquoi ? »

Elle détourna la tête, rétorqua non sans brusquerie :

« Je veux que tu restes en dehors de cette affaire, voilà tout ! »

Elle écrasa sa cigarette.

« Ça ne va pas être commode, mais si nous jouons serré... Mettons-nous bien d'accord. Naturellement, tu n'étais au courant de rien. Pas la moindre allusion à la mission de Fabienne. Ah ! ce Portugais...

— Aucun risque : il ne me connaît pas, n'a même pas vu mon visage.

— Bon. Tu quittes donc la fille, tu arrives à... disons neuf heures et quart. Je ne t'attendais pas. Tu avais bu, et j'ai accepté que tu restes un moment, vu ton état.

— Si c'est la version qui t'arrange... »

Elle suivait un raisonnement intérieur, les yeux voilés, le visage absorbé.

« Plausible, après tout. Tu as débarqué ici bien des fois à l'improviste.

— Rarement le soir, et presque toujours pour te mendier du fric !

— Eh bien, justement, nous dirons que cette fois encore...

— Non, coupa Chabert, ce ne sera pas utile. Je n'aurai même pas besoin de mentir, je dirai simplement que j'ai voulu te revoir. C'est vrai, Maud, j'en avais envie. Je crois bien qu'à la putain, je n'ai pas arrêté de parler de toi... enfin, à ma façon. »

Il se leva, l'attira dans ses bras. Elle ne résista pas d'abord. Chabert avait fermé les yeux. Le sang carillonnait à ses tempes. Rien n'était changé, après tant de mois ! Il redécouvrait le corps souple comme une pousse d'osier, frémissant à chaque sollicitation de ses doigts, ce petit ventre rond qui s'ajustait si parfaitement au sien qu'il aimait à dire, aux temps heureux, qu'il avait été créé pour cet unique usage... Pourtant, lorsqu'il voulut prendre ses lèvres, elle décolla son visage :

« Va-t'en maintenant, Jef ! Il est près de une heure. Il faut essayer de dormir : les prochaines heures seront longues. »

Il soupira :

« Je m'habituais bien chez toi ! »

Il remit ses chaussures, enfila la canadienne. Il tendit la main :

« Et voilà ! Le pauvre Jef va retrouver ses canaris ! »

Il emprisonna les doigts frêles entre ses grosses pattes, les abandonna à regret :

« Au revoir, Maud. »

Il gagna le hall. Et ce fut elle qui le rappela :

« Jef ? »

Il se retourna. Elle n'avait pas bougé. Les coudes au corps, elle resserrait frileusement contre elle la robe de chambre mal boutonnée.

« Je voulais te demander... »

La voix paraissait peu assurée.

« Quand tu étais avec cette fille... Qu'est-ce que tu lui racontais ? à mon sujet, je veux dire... »

Jef s'ébroua. Il s'apercevait dans la glace rectangulaire du vestibule. Avec sa tignasse hirsute, sa barbe sale, ses yeux humides, il avait l'air d'un grand chien malheureux. Il sourit timidement :

« Des bêtises. Tu vas rire, Maud. Je lui parlais des sirènes de minuit. »

Appelé par le chef du Groupe d'Intervention, l'adjudant Langlois, commandant la brigade de Landerneau, se transporta sur les lieux, escorté par le maréchal des logis Cadic. Il constata que le mort était on ne peut plus mort, qu'il était dépourvu de toute pièce exploitable pour l'identification, hormis un billet de première Brest-Paris poinçonné et daté du jour, qu'on découvrit dans la poche de poitrine du complet-veston. Cadic, après avoir longuement examiné le corps à la lueur d'une pile Mazda, déclara que la tête du cadavre lui rappelait quelqu'un, mais qui ? L'adjudant le laissa en sentinelle, rallia la brigade.

Il prévint Brest et Paris, requit le docteur Appriou avec qui il travaillait souvent, et réveilla le maréchal des logis Kéruzoré pour qu'il tienne compagnie au maréchal des logis Cadic, conformément à l'article 22 du *Manuel pratique de procédure gendarmistique*. Puis il se fit descendre une thermos de café très sucré, délaça ses godillots, et se tint en alerte, la plante des pieds collée au radiateur.

Les choses vraiment sérieuses ne commencèrent qu'à l'arrivée de l'express 524 à Montparnasse, à six heures treize. La police de la gare investit le train et commença à recueillir les témoignages du personnel en service. Le contrôleur Leroy se rappela aussitôt la valise et l'individu basané, dont la mine, affirma-t-il, était franchement patibulaire et l'attitude équivoque.

Ledit individu, bien entendu, avait déjà pris le large, mais la valise fut récupérée, les deux serrures forcées. On y trouva un pardessus à longues fibres caramel, plié en deux, dont la poche droite contenait deux paquets de Rothmans, la gauche un mini-briquet en or, plus une trousse de toilette renfermant un tube dentrifice Sanogyl, une brosse à dents rouge, et une savonnette intacte dans sa boîte, de marque Hermès, plus un agenda en cuir roux, bourré de noms et de numéros de téléphone, à l'entête de la « Grande Fabrique de Chaussures Celtia », siège social, Zone Industrielle de Kergonan, Brest (29200). Communication en fut faite aussitôt à la gendarmerie de Landerneau.

A cette minute, le maréchal des logis Cadic, qui venait de rentrer de faction avec les pieds gelés et la goutte au nez, et buvait un noir brûlant, s'écria :

« Eurêka ! C'est Fontange ! Il jouait dans *Le Gabier de Cornouaille.* »

Il faisait allusion à une série en trente-neuf épisodes dont la station régionale avait régalé les chaumières quelques années plus tôt. L'adjudant Langlois alerta Brest, qui s'employa à la délicate mission de prévenir la veuve.

A sept heures moins le quart, Rault, commissaire de service et l'O.P.A. Fitament se présentaient à la villa de la rue Poullic-Al-Lor. Les gardiens étaient absents. Les policiers pénétrèrent dans le parc et s'échinèrent sur la sonnette, en pure perte. Subodorant le drame, Rault intima l'ordre à Fitament d'enfoncer la porte. Il enfonça donc, non sans se claquer un muscle ; ils entrèrent, découvrirent l'assassinée.

A sept heures moins cinq, un coup de fil arrachait le principal Bodart à la tiédeur de la couche conjugale. Il jura, nom de Dieu! Les Fontange, manquait plus que ça! La partie au Conquet chez l'entrepreneur Limonetti, c'est dans le lac! Il arriva sur les lieux à sept heures vingt sans s'être rasé, la cravate de traviole. Le commissaire principal Bodart avait cinquante-deux ans, cent kilos de mauvaise graisse, des démêlés avec son rectum, et une fort jolie femme. Ses subordonnés l'appelaient Gros-Dard, création d'un brigadier facétieux qui s'autorisait pour cette extrapolation aventureuse de la carrure et des formes imposantes de son supérieur. En poste depuis plusieurs années à Brest, Bodart avait été assez adroit pour échapper aux purges successives. On le craignait, car on le disait familier des allées du pouvoir.

Rault lui communiqua le fruit de ses premières observations. Ils discutèrent, supputèrent. Puis ils songèrent à prévenir la famille. Bodart, avec une grimace accablée, dit que la famille, malheureusement, c'était Chabert. On expédia donc rue Le-Gonidec l'O.P.A. Fitament, en lui recommandant les ménagements d'usage.

Il était près de neuf heures. Un jour paresseux s'étirait sur la ville encore endormie, comme bloquée par le froid. Les fumées bleues des immeubles montaient droit dans un ciel net. Dans le parc de la propriété Fontange les tilleuls avaient leurs ramures toutes blanches, damasquinées par le gel de filets d'argent. Deux inspecteurs étaient occupés à ratisser la pelouse dont la dentelle de glace s'irisait aux premiers traits obliques du soleil. Un autre dans le garage explorait la Mercedes, qu'on avait trouvée mal en point, le phare droit en miettes, l'aile correspondante portant des traces d'enfoncement.

A l'intérieur, c'était la fourmilière. Des spécialistes dans la cuisine dessinaient des choses sur le dallage, un photographe mitraillait le cadavre, l'équipe de l'identité semait la céruse et le sulfure d'antimoine. Sur un coin de table, le docteur Kerboul commençait son rapport. Bodart déplaçait sa graisse fatiguée d'une pièce à l'autre, tempêtait, gueulait des ordres, se plaignait : on n'est pas aidé !

Rault, qui passait au crible le bureau de Fontange, surgit en brandissant un papier :

« Voyez un peu ce que je viens de trouver. »

Bodart prit le feuillet et lut le texte écrit à l'encre noire, en lettres capitales :

FRONT RÉVOLUTIONNAIRE ARMORICAIN (F.R.A.) AU COUPLE FONTANGE : LE PEUPLE CRÈVE DE FAIM, ET VOUS VOUS ENGRAISSEZ ! — LE PEUPLE EST OPPRIMÉ, ET VOUS LÉCHEZ LES BOTTES DU TYRAN CHOPINET ! — LE PEUPLE VOUS A JUGÉS ET DÉCLARÉS NUISIBLES : VOUS ALLEZ PAYER.

Bodart arrondit les lèvres, fit : « Pop ! pop ! pop ! », releva les yeux :

« Où avez-vous déniché ça ?

— Dans le classeur du bureau, parmi d'autres papiers apparemment anodins. Qui c'est, le F.R.A. ?

— Je n'en sais guère plus que vous, dit Bodart, la mâchoire sinistre. Le sigle est apparu depuis peu sur quelques plaques de signalisation, à la sortie de la ville. Mais ça n'a jamais été plus loin. »

Il examina derechef la lettre :

« Ça rappellerait le style F.L.B. : c'est aussi pompier. Seulement c'est signé F.R.A., et du reste, le F.L.B. est mort.

— Et puis le F.L.B. n'a jamais exécuté personne?

— Argument fragile, répliqua Bodart, très pète-sec. Il faut bien un commencement à tout.»

Il entra dans le bureau, suivi par son adjoint.

«Ça se trouvait là», dit Rault.

Il attira une chemise jaune pâle rangée sur l'une des étagères du grand classeur couleur chêne. Bodart, la lippe lourde, fit tourner quelques feuilles, des lettres d'affaires, sans surprise. Il replaça la chemise sur l'étagère.

«Officiellement, statistiquement, le F.L.B., en tant qu'organisation clandestine armée, n'existe plus. Il faut reconnaître que le M.A.C. a fait d'excellent boulot au printemps dernier. Malheureusement, le terrorisme, c'est comme le chiendent: ça repousse!»

Rault à son tour relisait la lettre, remarquait qu'elle ne portait pas de date, demandait:

«Et les accusations du F.R.A., ça recouvre quoi au juste?

— Ce que tout un chacun ici connaît», dit Bodart.

Il se laissa tomber dans un des fauteuils, tâta le coussin d'une fesse précautionneuse, à la recherche de la position adéquate: ses hémorroïdes le faisaient beaucoup souffrir.

«La «Grande Fabrique Celtia» travaille à plein pour l'armée. D'autre part, les Fontange n'ont jamais caché où allaient leurs sympathies actives, la dame particulièrement, du moins avant son accident. Lors des premières manifestations de soutien à Chopinet — vous vous rappelez, les listes «Allez France!» — le nom de Mme Fontange a figuré plusieurs fois en bonne place dans la presse. Ils ont déjà eu leur portail badigeonné de goudron, il y a six mois environ. On a enquêté, sans résultat.

— Les Fontange, à l'époque, avaient porté plainte ?

— Oui.

— Cette fois, non. Pourquoi ?

— C'est un fait », reconnut Bodart.

Il glissa un peu plus contre le coussin. Dans cette position mi-allongée il sentait moins son mal. Il pensait : « Faudra bien que je me décide à confier mon cul à Letellier, charcutage garanti, et il y a mon emphysème, mon cœur qui déconne plus souvent qu'à son tour... » Il s'en voulait de donner à son subordonné le spectacle de son corps avachi, ventre en avant, et en même temps répugnait au moindre geste qui allait réveiller ses élancements.

Rault était resté debout et allumait un Pantella. Le commissaire Rault avait trente-huit ans, atteignait 1,80 m sous la toise, possédait une chevelure châtain sombre, taillée souple, des traits énergiques, un visage glabre, hormis la mouche de poils au creux de la lèvre, une sorte d'élégance britannique qu'il cultivait visiblement. Bodart, qui de s'être agité transpirait abondamment, lorgnait avec envie les joues sèches et nettes, bleuies par le rasoir. Rault portait un court loden beige à martingale, découvrant un complet fil-à-fil au veston croisé, de bonne coupe. « Je me demande comment il fait, songeait Bodart. Qu'on le surprenne au saut du lit ou au terme d'une nuit de garde, il est toujours impeccablement rasé, frais, soigné. Son pantalon n'a pas un faux pli. »

Il finit par se redresser, et les diaboliques lancettes de feu aussitôt entrèrent en action.

« Le plus clair de l'histoire, c'est qu'il va nous falloir aviser le M.A.C...

— Ça ne semble guère vous sourire », dit Rault d'un ton léger.

Bodart lui jeta un coup d'œil soupçonneux. Il

ne réussissait pas à prendre la mesure exacte de son subordonné, qu'il connaissait mal : Rault n'était arrivé à Brest qu'à la fin d'octobre, venant de Lyon. La fiche « Spécial Confidentiel » le concernant avait laissé le commissaire principal sur sa faim :

« Licencié en droit. Famille bourgeoise. Célibataire. Plusieurs liaisons féminines, mais discrètes et en général éphémères. Apolitique. Fonctionnaire extrêmement dévoué. Technicien remarquable. »

Suivaient les états de service, effectivement brillants. Bodart trouvait le rapport bien succinct. Réfléchissant à la rapidité avec laquelle Rault avait gravi les marches de la carrière, il imaginait de puissants appuis dont la nature lui échappait, ce qui l'agaçait, l'inquiétait aussi.

« Je déteste qu'on marche sur mes plates-bandes, dit-il. Ça vous surprend ?

— Mais pas du tout, dit Rault avec un sourire. La concurrence entre polices m'a toujours paru une erreur. »

Il s'arrêta. Un inspecteur se profilait dans l'entrebâillement de la porte, frappait, s'avançait. C'était Le Gall, qui travaillait sur la Mercedes. Il avait découvert un morceau de verre sur le tapis-brosse, et le tendit à Bodart, posé sur un chiffon, une sorte de triangle équilatértal d'une vingtaine de millimètres sur dix et de couleur vert sombre.

« On dirait un fragment de lunettes solaires, remarqua Rault.

— Je le crois aussi, approuva Bodart. Tu le mets à l'abri, mon gars. Rien d'autre à signaler ?

— Si, dit Le Gall, une tache sur l'accoudoir avant droit.

— Du sang ?

— Ça se pourrait », dit le flic sans se mouiller.

Bodart bomba les joues, expira avec dégoût :

« Ça se pourrait ? Enfin, bon Dieu ! ça ressemble à quoi ? C'est pas de la merde ? »

Le flic reniflait, commençait, c'est une tache qui, et il restait court.

« Ça va, dit Bodart avec un soupir accablé. Tu me consignes le tout pour le labo. Qu'est-ce que c'est encore ? »

Fitament à son tour se manifestait.

« Il y a là le type de *L'Éclair*. Il demande si...

— Il nous les casse ! dit Bodart. Je recevrai la presse en fin de matinée, rien à faire avant ! Chabert n'est pas encore là ?

— Non, patron.

— Qu'est-ce qu'il fabrique ? Il était comment, quand tu l'as vu ?

— Il sortait du lit.

— Pas soûl ?

— Je ne le pense pas, patron. »

Le téléphone sonnait. Bodart d'un geste congédia Fitament et, sans se lever, attrapa le combiné, dit : « très bien, monsieur le procureur, entendu, monsieur le procureur », reposa l'appareil.

« Le parquet sera là vers dix heures. C'est Patoiseau qui conduit l'instruction. Ça devrait aller : on peut travailler avec Patoiseau. »

Il se remit debout avec effort.

« Qui est exactement Chabert ? demanda Rault.

— Je croyais vous l'avoir dit. Ce qu'il y a de pire au monde : un flic qui a mal tourné. »

Il prit son mouchoir, s'épongea le front, remarqua, fielleux :

« Les Fontange ne lésinaient pas sur le combustible ; on cuit, dans cette baraque !... Pour en revenir à Chabert, il a travaillé avec moi plusieurs années. Je l'ai toujours connu buveur, indiscipliné. Il aurait mérité vingt fois d'être flanqué à la porte ! Seulement, vous savez ce que c'était : il se trouvait toujours un délégué syndical pour venir jouer la corde sensible. Je dois reconnaître qu'il bénéficiait de sympathies parmi ses collègues...

— C'est vous qui l'avez fait virer ?

— J'ai rédigé le rapport objectif qu'on me demandait. Chabert déshonorait la police !

— Et depuis ? Il travaille ?

— Il s'occupe... une semaine ici, une semaine là : trois fois rien. Je pense qu'il a surtout vécu aux crochets de sa femme ou de sa sœur.

— La morte ?

— Oui. Sa femme, entre parenthèses, l'a laissé choir, quelque temps après sa révocation. On la comprend. Un déchet !

— Et ils continuent à se voir ?

— Il semblerait. Ils ne sont pas divorcés. Un sacré foutoir. »

De nouveau, le téléphone. Bodart prit la communication, qu'il ponctua de grognements en se grattant la raie des fesses.

« Le corps de Fontange arrivera en début d'après-midi », annonça-t-il.

La longue face triste de Fitament s'inséra dans la meurtrière de la porte :

« Chabert est là.

— Quand même ! » dit Bodart.

Il reboutonna son pardessus, fit mine de rectifier son nœud de cravate.

« Vous venez, Rault ? »

Chabert attendait dans le hall, les mains enfoncées dans les poches de sa canadienne. Bodart s'avança vers lui, hésita. « Est-ce que je lui tends la main ? » Il s'y résolut.

« Condoléances, Chabert. »

Chabert déganta sa main droite, accepta la pince grasse :

« Merci, monsieur le principal. »

Rault à son tour y alla de son mot de circonstance, et Chabert, qui avait l'air de penser à tout autre chose, répéta merci.

Bodart l'examina avec curiosité. Chabert, ce matin, avait fait des efforts de toilette. Il était rasé de très près, portait chemise blanche fraîche et cravate noire, puait l'eau de Cologne. Au point qu'à côté de lui, le commissaire se sentait sale, débraillé. « La mort de sa sœur lui réussit, se dit-il. Je n'ai pas employé la bonne formule : "Félicitations" eût mieux convenu. »

« Vous désirez la voir ?

— Pourquoi pas ? » dit Chabert.

Un agent souleva la couverture, et Chabert regarda sans manifester de sentiment. Puis il écouta les explications de Bodart, déférent et manifestement indifférent : l'heure du crime que le docteur Kerboul faisait remonter à la soirée, sous réserve d'autopsie, les jalons du drame, tels qu'un premier examen avait pu les déterminer : le cendrier répandu sur le tapis du salon, où l'appareil de télévision était resté allumé, les traces de lutte dans le bureau, la chaise roulante renversée, le couteau...

« La porte d'entrée était verrouillée. L'assassin s'est introduit par la fenêtre de la salle de bain. Venez. »

Aussitôt dans le cabinet de toilette, Chabert montra l'eau dans la baignoire.

« Elle n'a pas servi, dit Bodart. Ce qui pose un problème. »

Il désigna les deux cannes sous le lavabo :

« Chabert, est-ce que dans l'état d'infirmité qui était le sien, votre sœur était capable de s'introduire elle-même dans son bain et d'en ressortir ? »

Chabert eut l'air de réfléchir.

« Elle arrivait à se mettre debout, à faire quelques pas avec les cannes. Mais une pareille gymnastique... non, ça ne me paraît pas possible.

— Donc, hier soir, elle attendait quelqu'un.

— Mme Delarue, l'employée, n'était pas là ? Elle lui servait aussi de dame de compagnie...

— Les Delarue sont absents. La maison de garde était fermée, volets clos, et on a dû forcer la porte. Sans résultat : il n'y avait personne. »

Chabert se baissa pour repêcher son gant qu'il avait laissé tomber.

« C'est quand même curieux...

— Quoi donc ?

— Que Fabienne ne m'ait rien dit, ni à propos des Delarue, ni même au sujet de ce voyage à Paris. C'est bien dans le train qu'Éric...

— Oui. Vous l'avez vue quand ?

— Pas plus tard qu'hier matin.

— Comment était-elle ?

— Comme toujours...

— Pas de soucis particuliers ? pas d'inquiétudes ?

— Ma foi non. »

Bodart lui mit la lettre du F.R.A. sous le nez :

« On a trouvé ça dans le classeur du bureau. »

Chabert lut, sifflota :

« Le F.R.A., c'est quoi ? Des terroristes ?

— On le dirait. Votre sœur ne vous a jamais parlé de cette lettre ?

— Non. Ainsi, ce serait ça... »

Il semblait de plus en plus stupéfait.

« Au fond, à bien y réfléchir... ça n'a rien d'extraordinaire ! Fabienne et Éric avaient pris des positions en flèche, hein ! Rénovation nationale, serrons-nous les coudes, allez France! main dans la main avec Chopinet, etc. Vous voyez ce que je veux dire?»

Bodart resta de glace. Seul Rault qui attaquait un autre cigarillo, inclina la tête.

«Ça ne plaisait pas à tous, faut croire, continuait Chabert. Vous vous rappelez, le coaltar sur leur portail? Quand même, de là à les liquider... Le F.R.A... Je n'arrive pas à saisir pourquoi Fabienne a gardé ça pour elle... Maud non plus n'était au courant de rien.

— Votre femme? Vous l'avez vue?

— Je suis passée chez elle avant de venir. Elle ne savait encore rien.»

Ils revinrent lentement vers l'avant de la maison.

«Autre chose, dit Bodart. On est en train d'examiner la Mercedes au garage. Elle présente des marques d'un accrochage récent, à l'avant...

— La circulation à Brest devient impossible, dit Chabert avec componction. Si vous voyiez ma bagnole! Voilà pourquoi, sans doute, Fontange n'a pas pris sa voiture hier...

— Pour aller à la gare? C'est tout près, par la rampe de Messiliau?

— Ça vous surprend? Éric était comme beaucoup d'autres: incapable de faire vingt mètres à pied. Normalement vous auriez dû trouver la Mercedes au parking de la gare.»

Bodart toussa.

«Une dernière question, Chabert, où étiez-vous hier soir?»

Chabert sourit:

«Suspect, hein?»

Bodart dit: «Pop! pop! pop!», s'excusa: «routine!», adopta le ton détendu:

«Pas de chichi entre nous, mon vieux! Vous

connaissez la musique? Mais au fond, vous héritez!»

Chabert se soulagea dans un rire énorme.

«Une chance encore, dites donc, que le F.R.A. n'ait pas fait le détail! Parce que, même héritier, je n'ai pas encore le don d'ubiquité! Alors voici. Hier soir, j'ai consommé au bar Le Cuzco, au port de commerce, jusqu'à vers vingt heures quarante. Après, je me suis baladé avec une dame sur les quais...

— Quelle dame?

— De celles qu'on cueille à la porte d'un bar, monsieur le principal, quand on est esseulé et cafardeux! Une brunette, dont le prénom m'échappe: on s'est vus si peu! Gentille, mais d'un terre à terre! Je l'ai donc laissée, me suis rendu en voiture chez Maud, où je suis arrivé autour de vingt et une heures quinze. J'ai quitté Maud à une heure.»

Bodart eut une moue incrédule.

«Vous avez passé la soirée avec Mme Chabert?

— Pourquoi non? C'est ma femme?

— Vous aviez bu, Chabert...

— C'est vraisemblable. Je sais surtout que je broyais du noir. Les samedis soir à Brest ne sont pas drôles, quand on est seul! Bien sûr, vous ne pouvez pas comprendre...

— Non, en effet», dit Bodart sèchement.

Il tendit le bras:

«Je ne vous retiens pas, Chabert... Ah! vous restez dans les parages, bien entendu. Nous aurons besoin de vous pour l'identification du corps de Fontange.

— A votre disposition, dit Chabert. Je vous salue, messieurs!»

Il replongea les poings dans les poches de son vêtement, s'éloigna d'un pas déluré.

« Alors ? dit Bodart. Vous avez vu l'oiseau ? »

Durant tout l'entretien, Rault n'avait pas desserré les lèvres. Il aspira le cigarillo, disparut derrière un nuage bleu.

« Curieux, dit-il, il est très curieux. Le moins qu'on puisse dire, c'est qu'il ne paraît guère accablé par son double deuil ! »

La face de Bodart s'empourpra :

« Dites plutôt qu'il jubilait ! »

Il se tortilla, tendit le postérieur. Dès que son sang entrait en mouvement, il lui semblait que sa blessure secrète se rouvrait. Il gronda :

« Une pauvre cloche, sur qui un paquet de millions s'abat sans crier gare... C'est indécent, Rault. Il faudrait refaire la loi ! »

Les heures qui suivirent ne furent marquées par aucun développement à sensation, comme si la machine judico-policière, elle aussi, peinait à se dégager du double engourdissement du froid et du dimanche. Le fait le plus notable de la matinée fut sans doute le coup de fil reçu vers dix heures quinze à la villa, émanant d'un nommé Albert Jünger, lequel demandait à parler à Fontange. Questionné, il se présenta comme agent commercial, déclara que la firme de Düsseldorf qu'il représentait était depuis plusieurs mois en relations d'affaires avec la maison Celtia, qu'il se trouvait pour quelques heures à Paris, et qu'il y avait rendez-vous à neuf heures trente ce même jour avec M. Fontange. Ne le voyant pas venir et soupçonnant un contretemps, il s'était permis d'appeler à son domicile brestois.

L'exactitude de cette information fut rapidement vérifiée. Un point toutefois devait rester mystérieux. L'enquête démontra, en effet, que Fontange n'avait avisé aucun de ses collaborateurs de cette entrevue, que Jünger estimait très importante mais qui, toujours selon lui, ne présentait aucun caractère confidentiel.

A dix heures trente, eut lieu le traditionnel transport du parquet sur les lieux. A la suite de quoi, une conférence de travail officieuse rassembla à l'hôtel de ville, autour du maire Hamel, le procureur Legoïc, le juge Patoiseau, Bodart et M. Jean, le chef du M.A.C. Ce dernier qui, messe entendue à Saint-Louis, s'était attardé sur le parvis avec l'archiprêtre pour causer théologie, ne put être immédiatement touché et se fit attendre. Naturellement, la lettre de menaces fut au centre de l'entretien. Mais très vite Bodart se rendit compte que personne, et ceci pour des motifs sans doute très divers, ne désirait lui accorder une importance majeure en l'état actuel de l'enquête. M. Jean, dont le commissaire redoutait le zèle dévastateur, témoigna même de quelque scepticisme quant à l'authenticité de la missive.

C'était rejeter la balle dans le camp de la police locale, dont chacun au demeurant se plut à louer les éminentes capacités. Bodart, qui buvait du petit-lait au point d'en oublier ses misères, promit que ses services se montreraient dignes d'une pareille confiance.

Il reçut la presse à midi, au commissariat central, et dressa un premier bilan. Reconnaissant que l'hypothèse d'un crime politique n'était pas *a priori* exclue, il se refusa cependant à toute autre précision et s'abstint même de citer la lettre du F.R.A. Aux informations télévisées de treize heures, le journaliste fit aussi une allusion sibylline « aux possibles racines secrètes de l'affaire », mais insista surtout sur l'inconnu de la voiture 43, dont le comportement avait paru si étrange. Depuis le matin, toutes les heures, les stations de radio diffusaient le signalement du suspect et priaient les voyageurs de l'express 524 Brest-Paris qui auraient remarqué l'homme au complet à carreaux de se manifester.

Après le déjeuner, Bodart céda aux recommandations conjuguées de sa femme et de son médecin qu'il avait alerté, et se mit au lit après s'être farci de calmants. Rault assuma la direction effective de l'enquête. Il assura la liaison avec l'Identité et le juge Patoiseau, expédia un policier au port à charge de retrouver la fille dont Chabert avait parlé, colligea les rapports de ses inspecteurs qui patrouillaient à la gare et dans la zone de la villa.

L'un des tout premiers comptes rendus mentionna l'inscription : CHRIST SAUVEUR! CHRIST AMOUR!, sur le mur qui bordait le parking des autocars, à l'entrée de la petite rue Poullic-Al-Lor. Ce genre de professions de foi fleurissait depuis quelques mois déjà en divers quartiers de la ville, mais la proximité de la maison du crime, le fait aussi que les lettres, à la peinture noire, avaient vraisemblablement été tracées dans la nuit, ne pouvaient laisser indifférent, et Rault s'y intéressa aussitôt. Cette piste toutefois allait être vite reléguée dans l'ombre, puis abandonnée, à la suite des révélations de la soirée.

Delarue, le jardinier-chauffeur des Fontange, appela lui-même vers quinze heures trente, de Niort. Il venait d'apprendre à la radio la mort de ses patrons et en bafouillait d'émotion. Il expliqua qu'il était depuis la veille dans les Deux-Sèvres, où il avait assisté dans la soirée, en compagnie de sa femme, au repas de mariage de sa filleule. Il avait quitté Brest par train à neuf heures trente-trois, était arrivé à Niort à dix-sept heures quarante. Ce déplacement, assurait-il, était prévu depuis très longtemps, et les Fontange n'y avaient opposé aucune objection. Non, il n'était pas au courant du voyage de M. Fontange dans la capitale. Ce qui était certain, c'était qu'en prenant congé de Mme Fontange, il l'avait trouvée parfaitement normale. Delarue promit d'être de retour dès le lendemain et de se présenter sur-le-champ au commissariat.

A seize heures, Rault se rendit à la morgue. Il y retrouva Chabert, dont il serra la main, et avec qui il échangea quelques mots aimables. En rentrant, il s'arrêta boulevard Gambetta pour recueillir le témoignage de Mme Chabert. L'entrevue fut brève. La jeune femme lui confirma point par point les dires de son mari. Elle aussi ignorait le déplacement à Paris de Fontange. Rault regagna son bureau du commissariat central, où rapports et dépositions commençaient à s'accumuler.

Pour l'immense majorité des Brestois, ce dimanche de décembre 198., fut peu différent des autres. Si la mort tragique des Fontange figura dans les conversations, elle ne réussit pas à modifier de manière sensible la physionomie de la cité. Le stade de l'Armoricaine, où se déroulait un match capital, draina sa masse de fervents, et les cinémas firent le plein. Profitant du soleil, beaucoup de familles avaient quitté la ville très tôt en direction des campagnes voisines. On nota pourtant un fait inaccoutumé à La-Forêt, où un marchand de marrons de Landerneau qui avait dressé boutique à l'entrée du pont de chemin de fer réalisa de belles affaires.

Vers dix-sept heures la ville s'anima. Les guirlandes d'ampoules tendues pour les fêtes venaient de s'allumer. Les voitures qui rentraient, phares en veilleuse, piétinaient aux ronds-points de la périphérie. La nuit venait vite, aiguisant le froid. En se vidant, le stade avait engorgé les trottoirs de la grande artère centrale. Sous les crocs de la bise, les marcheurs allongeaient le pas, le col de leur manteau remonté aux oreilles, un petit nuage blanc accroché à leurs lèvres. Derrière les vitres opaques des bistrots, on devinait des groupes d'hommes debout contre les bars, qui discutaient, le verre en main, dans la fumée des cigarettes.

A dix-sept heures, un coup de fil parvenait à *L'Éclair du Ponant*, où un journaliste tartinait un papier pour la page sportive du lendemain. Une voix anonyme annonçait qu'un pli très important venait d'être déposé dans la boîte extérieure du quotidien. Le journaliste y alla, décacheta l'enveloppe, et bondit au commissariat central.

Rault lut le message, signé du F.R.A., qui déclarait assumer l'exécution du couple Fontange. Une rapide confrontation avec la lettre, découverte dans le classeur du bureau, prouva au policier que les deux textes avaient été écrits de la même main. Il avisa aussitôt Bodart.

Quelques minutes plus tard, un conseil de guerre extraordinaire regroupait dans le bureau du maire Hamel les acteurs de la matinée, excepté Bodart, qui, ne pouvant quitter la chambre, fut tenu informé par téléphone du déroulement des débats. Ils furent brefs. M. Jean cette fois était à l'heure: il promit sa collaboration agissante.

Rentré vers dix-huit heures dans son P.C. de la rue Kéréon, il ouvrait son fichier, cochait les noms d'une soixantaine d'individus classés «asociaux» ou «politiquement ambigus», lançait aussitôt ses équipes. L'opération s'essouffla vite. La ville avait déjà subi en début d'année un filtrage serré, et les miliciens n'eurent à se mettre sous la dent que des suspects de troisième ordre, au reste tous pourvus d'alibis aisément contrôlables. Compte tenu du dérangement, on secoua un peu quelques intellectuels ou présumés tels, on mit à sac quelques bibliothèques. Dans la foulée, on cassa du verre dans un tripot du Bouguen où des immigrés consommaient, et pour faire bonne mesure, on tabassa une demi-douzaine de bougnoules qu'on rencontra se prélassant à la sortie du pont de Recouvrance où ils n'avaient strictement rien à faire.

Le butin était maigre. Dès dix-neuf heures quarante-cinq, M. Jean décidait de rappeler ses troupes.

A la même heure, Chabert se présentait chez Maud. Sa main flageolait sur le bouton de la sonnette, non qu'il fût ivre, mais il appréhendait un peu l'accueil de sa femme.

Le visage de Maud, quand elle vint lui ouvrir, ne manifestait ni étonnement ni irritation. Il eut même l'impression qu'elle l'attendait.

« Bonsoir, Jef. Débarrasse-toi. »

Il accrocha la canadienne dans le hall, marcha à la suite de Maud vers la cuisine. La table était dressée. Sur la nappe de plastique à grands carreaux orange et jaunes, la soupière de faïence blanche fumait.

« J'allais dîner. Tu as mangé ?

— Oui, j'ai dû croquer quelque chose. »

Il se pencha, huma, dit : « Quel arôme ! » Il piqua à la fourchette un morceau de carotte, se brûla.

« Si le cœur t'en dit... Tu aimais bien le pot-au-feu. Profites-en : j'en fais si rarement ! »

Déjà elle dressait un second couvert, emplissait son assiette.

« Beaucoup de légumes ?

— Beaucoup », dit Chabert.

Il s'assit, porta à ses lèvres la cuiller, où le liquide doré tremblait.

« Raconte-moi ta journée, dit Maud. Tu as vu la police ? »

Chabert s'esclaffa, la bouche pleine :

« Dis que je n'ai fait que ça ! »

Il résuma son emploi du temps.

« Deux macchabs en quelques heures, c'est beaucoup, tu sais : je n'ai plus l'entraînement ! »

Il décapsula la bouteille de vin rouge, emplit son verre, dont il vida une partie dans l'assiette. Puis il but une gorgée, s'essuya les lèvres, touilla le potage.

Maud le regardait faire.

« Un commissaire est également venu ici.

— Bodart ?

— Non, un plus jeune. Un nommé Rault.

— Oui, je l'ai vu. Connais pas : ils ont renouvelé le cheptel à quatre-vingt-dix pour cent !

— Il est resté très peu. Il a l'air correct. »

Chabert soufflait sur sa cuiller.

« Ils ont en général l'air correct. Tant que tout va bien. Et quand tu coules, ils te pèsent sur la tête ! »

Maud sourit.

« Tu m'étonneras toujours, Jef. A croire que tu n'as pas été flic, toi aussi !

— Erreur de jeunesse, affirma Chabert. J'essaie de l'oublier. »

Il inclina l'assiette pour cueillir une dernière cuillerée, se tamponna les lèvres de sa serviette. Maud avança le plat de viande. Il se servit, copieusement : longtemps qu'il n'avait pas mangé de si bon appétit !

« J'ai revu cette ganache de Bodard. Vieilli, Bodart, énormément ! M'a pas paru en grande forme.

— Ils t'ont interrogé, je suppose ?

— Du classique. Aucun problème : tout a passé comme lettre à la poste !

— Rault aussi t'a interrogé ?
— Non, Bodart. Pourquoi ? Tu as un air soucieux. »
Elle s'en défendit. Puis :
« Je trouve qu'ils s'intéressent déjà beaucoup à tes faits et gestes. Au fond, Rault n'est venu me voir que pour ça : pour toi. Pourvu que rien ne cloche ! »
Il dit :
« Pourquoi veux-tu ? Crois-moi, ils ont d'autres chats à fouetter ! Tu es peut-être au courant ? Il y aurait un groupe terroriste dans le coup ! le F.R.A...
— Oui, ils l'ont dit à la radio tout à l'heure.
— Tu vois bien : on est tranquille. »
Maud mâchonnait lentement sa viande.
« Avec le recul, je me demande si on n'a pas eu tort. Tu n'avais pas grand-chose à craindre de la simple vérité ?
— Possible, reconnut Chabert. On ne pouvait pas savoir. Tant pis. Ce qui est fait est fait. Pas question de revenir en arrière. »
Il se servit dans le plat une autre portion de bœuf :
« Il est extra ! »
Puis il rit :
« Éric bousillé pour ses opinions politiques, non mais tu imagines ? Opinions mon cul ! La seule politique qu'il ait jamais pratiquée, Éric, c'est celle de son portefeuille ! Il a couché avec le fric de Fabienne ! Laquelle en avait fait autant avec son vioque ! Dénouement : c'est Jef, le seul type un peu décent de la famille qui va palper la galette ! Y'a une justice immanente, comme disait Martial, mon prof de philo. »
Maud se leva, apporta le fromage, une coupe de fruits. Chabert négligea le cantal, mordit à belles

dents dans une golden. La pièce était chaude, la grosse Aga ronronnait. Maud releva les yeux.

« Fabienne ne t'avait pas signalé cette lettre de menaces ?

— Absolument pas.

— Et pourtant on a l'impression qu'elle avait senti que quelque chose allait se passer, en cette fin de semaine... quelque chose de très grave. C'est extraordinaire, Jef : c'est comme si sa peur s'était trompée d'objet ! »

Elle continuait de dévisager Chabert, un quartier d'orange piqué à la pointe de sa fourchette.

« Tu es au courant pour les Delarue ?

— Oui. Rault m'en a touché un mot tout à l'heure, à la morgue.

— Fabienne savait donc qu'elle ne pouvait pas compter sur son employée... Comment a-t-elle pu rester seule ? Pourquoi, par exemple, ne m'a-t-elle pas demandé de venir lui tenir compagnie ? Pourquoi toutes ces cachotteries, aussi bien de l'un que de l'autre, autour de ce voyage à Paris ? Au fond, il n'y avait que toi dans le secret... Elle t'avait parlé de cet homme d'affaires allemand qu'Éric devait rencontrer ?

— Bien sûr. Seulement, elle n'y voyait qu'un prétexte. Tout d'ailleurs servait à renforcer sa marotte. Oui, elle en était dingue ! Elle m'a énuméré vingt détails... »

Il s'arrêta.

« Je repense à ce que tu disais. En fait, Fabienne attendait quelqu'un : j'ai vu la baignoire, pleine. A moins que ça ne soit qu'une mise en scène, pour bien brouiller les pistes. »

Il vida son verre.

« Bodart a du pain sur la planche, à lui tout le bonheur ! »

Maud se décida à picorer sa tranche d'orange.

« Tu sais qu'ils ont repéré le Portugais ?
— Oui. Mais ils ne l'ont pas agrafé ! Il va sans doute se tenir à carreau, et il aura raison.
— Ils finiront par le trouver.
— Ça se peut. Et alors ? Je te répète qu'il ne me connaît pas. »

A un battement de ses cils, il eut conscience aussitôt du cynique égoïsme de sa réplique. Il ajouta, très vite :

« Ils ne peuvent rien contre lui. Enfin, Maud, qu'est-ce qu'un pauvre bougre de Portugais aurait à voir avec un mouvement breton ? »

Il se renversa contre le dossier de la chaise, s'étala, ventre à l'aise. Maud l'observait. Il avait le sentiment que ce regard le poursuivait depuis la veille, un regard qui abritait quelque chose... inquiétude ? soupçon ? Réticence en tout cas.

« A quoi penses-tu, Maud ? »

Les cils noirs manquèrent la mesure, deux fois. Elle sourit :

« A toi. Je me disais que la mort de Fabienne et d'Éric te réussit assez bien... »

Il se méprit :

« Tu voudrais peut-être que je chiale ? Je ne peux pas, Maud. Bien sûr que je ne leur aurais pas souhaité ça ! C'est moche...
— Ce n'est pas ce que je voulais dire. Je te trouve si différent... comment dire... oui, un autre homme... »

C'était vrai. Chabert avait mis son meilleur gilet, où seules quelques taches signalaient d'anciennes négligences ; le col de la chemise n'apparaissait pas graissé ; la chevelure était propre ; la peau de son visage, qu'il avait rasée avant de venir, pour la seconde fois, exhalait une fraîche senteur d'eau de toilette.

« Il me semble qu'on me l'a déjà dit tout à

l'heure, un gars dans la rue, qui me trouvait bonne mine... Ça a l'air de t'ennuyer?

— Moi? Pas du tout! Tu me rappelles un type que j'aimais bien... le Jef d'il y a très longtemps...»

Elle se leva.

«Viens. On va mettre la télé.»

Ils s'assirent au salon devant le portatif, manquèrent les informations, eurent droit à la sacro-sainte page sportive. Puis on annonça un western, *La Dernière Caravane.*

«Tu aimais bien les westerns, dit Maud.

— Oui, et toi tu les avais en horreur!»

Il saisit sa main, l'immobilisa contre sa jambe. Sur l'écran, la vieille patache bringuebalait dans la poussière de la piste, ses roues tournant à contre-courant. Quatre cavaliers immobiles se découpaient en noir sur un ciel immense. Et une pétarade éclatait. Des éperons piquaient les flancs luisants, la tête d'un cheval défilait en gros plan, sa crinière flottant horizontale dans le vent.

Chabert regardait sans voir. Sur sa cuisse, la petite main emprisonnée fourmillait. Jef bandait, et il aurait bien aimé que Maud le sût. Il lui suffisait d'un déplacement du poignet, un geste simple, précis et brutal. Mais il n'osait pas. Elle mit un terme à son embarras en se levant:

«Je passe une robe de chambre. Tu sais que devant la télé j'aime mes aises!»

Elle sortit du séjour. Oui, Chabert se rappelait leurs tête-à-tête, quelques années plus tôt, les soirs où il n'était pas de garde, devant le poste tout neuf, acheté à crédit.

«Le meilleur moment de la journée, disait Maud. Le seul où tu sois à moi!»

Chabert revivait tout. Le temps avait reflué, et les mots, les attitudes, les odeurs, les silences resurgissaient, créant entre Maud et lui une subtile atmosphère de complicité. Elle revenait. La robe d'hôtesse vert amande gansée d'un feston duveteux moulait ses formes harmonieuses. Il bloqua ses deux mains, l'attira sur ses genoux, écrasa ses lèvres, promena ses doigts sur le corps à demi dévêtu, dont la chaleur transperçait l'étoffe du pantalon. Elle résista, mollement :

« Tu vas rater ton film... On ne pourrait pas attendre la fin ? »

Mais ces phrases aussi, il les avait déjà entendues. Elles étaient le signe qu'elle acceptait. Il durcit son étreinte.

« Pas ici, Jef. »

Elle se libéra, alla tourner le bouton du poste :

« Attends. »

Elle disparut de nouveau dans la chambre. Au bout de quelques minutes, elle appela :

« Jef ? »

Le lit était ouvert, avec deux oreillers brodés disposés côte à côte. Maud n'avait gardé qu'une veste de pyjama d'un jaune évanescent, très courte : la lisière du vêtement barrait le mont de Vénus, dont la mousse noire frisottait. Il se déshabilla vite.

Et quand il fut nu, sous le regard qui le brûlait, un brusque sentiment de pudeur le paralysa. Oui, il avait soudain honte de lui offrir le spectacle de sa chair trop flasque, de ses jambes trop épaisses, de toute cette mauvaise graisse qui lui avait poussé un peu partout sur le ventre, autour des reins. Mais elle venait à lui, elle effleurait le sexe déconfit, faisant bouffer de l'index sa fourrure.

« Tu grisonnes, Jef ! »

Plus que le geste, le mot lui fouailla le sang. Il l'enserra, ils basculèrent sur le lit. Leurs bouches, leurs mains, leurs corps se cherchèrent, se retrouvèrent très vite. Maud commença à gémir. Il y eut cette note unique, cette voix rauque et modulée jaillie du plus secret d'elle-même. Cet aveu bouleversant.

Et Jef à nouveau eut vingt-cinq ans. Un être à la sève intacte, sans passé, décrassé de tous ses misérables coïts d'infortune — ces cons douteux où il avait trempé sa queue... Le Jef des premiers matins ressuscité! Rayonnant et fort comme un dieu.

DEUXIÈME PARTIE

Faudrait pas me prendre pour un balayeur.

GILBERT BÉCAUD.
(19 mai 1974)

Le lundi, toutes les gazettes de France annonçaient l'assassinat des Fontange. Pour sa part, *L'Éclair du Ponant* lui consacrait les trois quarts de la première page, avec un « édito » au titre lapidaire : « La Vermine ». Ce même jour, un peu avant midi, Bicêtre, le ministre de l'Intérieur, appelait le maire Hamel. L'affaire devenait nationale.

Le mardi matin, un avis, plusieurs fois réitéré dans les heures qui suivirent, promettait une bonne récompense et l'incognito à qui aiderait à débusquer « le tueur de l'express », dont un méchant portrait-robot dessinait le faciès sinistre. Technique qui une fois encore se révéla très efficace. Le bon peuple de France collabora avec discipline. A Brest, tant aux commissariats qu'au siège du M.A.C., convergèrent en masse lettres et appels de braves gens désireux d'épauler la justice en marche.

Très vite, une piste se dessina. Déjà les premières déclarations du contrôleur Leroy avaient donné à penser qu'on se trouvait en présence d'un étranger. Or, voici que la veste à carreaux éveillait des souvenirs. On avait remarqué souvent le petit homme basané faisant la queue au bureau d'embauche du port de commerce. Les témoignages se confortèrent, débouchèrent sur le foyer de la rue de Madagascar.

Il avait échappé aux ratonnades du dimanche soir, sur ordre exprès de M. Jean, qui ne voulait pas d'ennuis avec la hiérarchie catholique, très attachée en ces temps troublés — *sacra prudentia*[1] — au maintien de cette expérience en marge. Questionné, le père Jaouen joua l'ignorance, mais un registre le trahit. Il fut traité de coco, un peu bousculé, et on lui garantit qu'il ne perdait rien pour attendre. Et puis on le laissa.

Désormais, on détenait le nom et les coordonnées du suspect : Manoel Pereira, un Portugais. On nota qu'il avait travaillé à la base atomique d'Ile-Longue jusqu'aux incidents qui provoquèrent la mise à pied de la main-d'œuvre étrangère. Les petites cervelles policières s'échauffèrent. Et la thèse d'un complot international contre le régime déploya ses ailes. Manoel devenait un espion, une sorte de chrétien dévoyé à la solde de la crapule marxiste. Dès le mercredi, sur tout le territoire, les groupes d'intervention étaient placés en état d'alerte.

Dans ce contexte, les funérailles des Fontange, célébrées à l'église Saint-Louis le jeudi matin, prirent l'allure d'obsèques officielles. Il y avait là l'amiral, préfet maritime, le préfet du Finistère, l'évêque de Quimper et de Léon, le maire, les représentants de la Chambre du commerce et de l'université, dont un doyen de faculté en grande toge. Avant l'absoute, l'archiprêtre prononça une belle homélie sur le thème : *Mori pro patria*. Au cimetière, une foule compacte défila devant la tombe où Fabienne et Éric Fontange, décousus,

1. Traduction : *On ne met pas tous ses œufs dans le même panier.*

débités menu, puis recousus, allaient attendre la résurrection.

Placée inopinément à la pointe de l'actualité, la ville, toutes ces journées, garda la tête froide. Brest n'est pas Marseille : à aucun moment la rue n'offrit de scènes d'hystérie collective. Les divers quartiers présentaient leur physionomie normale, sous la pluie qui tombait, satinée et fraternelle. Les quelques travailleurs étrangers encore en place continuaient à creuser leurs tranchées et à vider leurs poubelles, et le soir se terraient dans les gourbis de la banlieue. S'il y eut règlements de comptes, ils furent essentiellement vocaux ou épistolaires. Dans l'intimité familiale, bien des pères de famille bombaient leur bonne conscience et se défoulaient devant leurs épouses, appelaient de leurs vœux le coup de balai radical qui purgerait la ville de « ces salauds de bicots ». *L'Éclair du Ponant,* chaque matin, publiait dans sa tribune libre des lettres de lecteurs impatients : « Quand se décidera-t-on ? » En contrepoint, la prose du chroniqueur politique — un petit Corse fiévreux qui émargeait à l'Intérieur — se hissait aux sommets du *Ouousque, Catilina...* Des affiches fleurirent sur les murs : *L'ennemi est parmi nous ! — Restons Français !* » Dans les chaumières, des centaines de chômeurs autochtones palpitaient d'espoir.

Certes, tous les Brestois ne s'enrôlaient pas dans cette croisade. Mais coupés de leurs chefs de file ou de leurs modèles, qui pourrissaient au fond des camps de « restructuration civique », environnés de mouchards et de provocateurs de tout poil, les opposants à Chopinet se taisaient : c'était la minorité silencieuse. Les contrôles de police avaient été multipliés par quatre. Toute forme de contestation s'avérait suicidaire. Même Éva et Bob, les barbouilleurs du Christ, avaient mis leurs activités en veilleuse. Dès l'annonce de l'assassinat, Bob avait vidé son matériel compromettant dans une décharge, et depuis ils se tenaient cois, au fond de la caravane, dans le camping municipal de Saint-Marc, s'attendant d'une heure à l'autre à une descente de police.

Le 15 décembre, une jeune fille de Recouvrance déclara qu'elle avait été attaquée par trois Nord-Africains et proprement sodomisée. Le spéculum du toubib réduisit à néant cette prétention : la donzelle était bilatéralement pucelle. Mais la mise au point du docteur ne fut jamais publiée. La bougnoulite monta d'un ton. La nuit suivante, une baraque brûla au Point-du-Jour.

Pour la première fois, *L'Éclair* du 17 se hasardait à réclamer des comptes. Il ironisait : « Notre police dort-elle ? » Quand on lui mit l'article sous les yeux, Bodart rata d'un cheveu le coup de sang et déblatéra amèrement contre la connerie humaine :

« Si notre presse s'en mêle... »

Le malheureux certes ne chômait pas. Sollicité de toutes parts, bombardé d'appels insistants de la mairie ou du parquet, obligé de compter avec les illuminés du M.A.C., il savait qu'il jouait sa carrière. Il avait dû renoncer à passer sur le billard et officiait dix heures par jour à son bureau, où il arrivait dès sept heures trente, la mine funèbre, bourré de drogues et d'onguents qui lui graissaient l'entrejambe, lui infligeant en permanence la sensation mortifiante qu'il s'oubliait dans ses culottes.

Rault, lui, demeurait imperturbable. Toujours aussi pimpant, il promenait aux quatre coins de la ville cette sorte de désinvolture racée sur quoi les événements ni les hommes ne paraissaient avoir aucune prise.

Chabert le voyait souvent — trop souvent remarquait Maud, pour qui ces rencontres n'étaient pas le fait du hasard et qui nourrissait à l'endroit du commissaire une animosité grandissante. Chabert en convenait — il n'était pas né de la dernière pluie — mais n'arrivait pas à y trouver matière à inquiétude, estimant que les proportions atteintes par l'affaire, ses implications politiques, le mettaient définitivement à l'abri.

Quand il l'apercevait (c'était un peu partout, dans la rue, à la sortie d'un grand magasin, à l'usine aussi où Rault traînait souvent ses guêtres), le policier levait le bras, tendait une main joviale, affectait la surprise :

« La ville est décidément bien petite ! »

Ils bavardaient un moment, faisaient parfois un bout de chemin de conserve. Chabert considérait le manège du commissaire avec un rien de condescendance goguenarde. L'homme était séduisant, d'une rare civilité, et il disposait d'une collection d'excellents petits cigares hollandais qu'il offrait généreusement. Chabert jouait le jeu, fumait ses cigarillos sans vergogne, et pour tout dire, se foutait royalement des calculs, des pensées et arrière-pensées du policier.

Rault le traitait en collègue, il l'associait à ses problèmes, sollicitait ses avis. Par lui, plus que par la presse qu'il oubliait souvent de lire, Chabert avait suivi pas à pas la progression des recherches. Progression était d'ailleurs un grand mot, car quinze jours après le double crime, il était assez clair que l'enquête, sur le plan local, se mordait la queue.

La science avait montré ses limites. Si le légiste avait établi que la mort des deux époux était grosso modo survenue au même moment, il restait évasif dans ses estimations : « Entre vingt et une heures et vingt-deux heures. — Fourchette beaucoup trop large, commentait Rault, pour apporter une réponse à nos questions, surtout en ce qui concerne Mme Fontange. »

Il n'avait pas explicité sa pensée. Chabert avait aussitôt compris que son alibi en prenait un sérieux coup, dans la mesure où il avait déclaré avoir quitté la fille autour de vingt et une heures (Mariette avait confirmé ses dires), et s'être présenté chez Maud un quart d'heure plus tard. Il y avait là une zone de quinze minutes sur laquelle on pouvait fort bien lui chercher chicane. Pourtant Rault, qui avait certainement lui aussi fait ses comptes, n'en avait pas tiré avantage.

Les analyses de laboratoire avaient été très décevantes : les empreintes, pour l'instant, n'ouvraient sur aucune piste ; quant aux traces de sang relevées sur le rebord de la fenêtre et dans la voiture, elles relevaient d'un même groupe fort répandu, le groupe B.

« C'est celui de Fontange », dit Rault.

Il ajouta avec un sourire :

« C'est également le vôtre, monsieur Chabert. Et le mien ! »

Ce propos eut le mérite de rappeler à Chabert qu'il avait toujours sa fiche aux dossiers du commissariat central. Il l'avertit aussi que Rault l'avait épluchée, curiosité qu'il jugeait au demeurant très normale.

Les grosses têtes du labo s'étaient longuement penchées sur l'éclat de verre découvert sur le tapis-brosse de la voiture, avant de pondre un rapport doctoral d'où il ressortait que ledit éclat provenait d'une paire de lunettes solaires, de type polaroïd.

Tout cela n'allait pas très loin. Un examen en profondeur de la Mercedes confirma les premières impressions : le choc subi par le véhicule était très récent, avec un maximum de probabilités pour le jour même du crime. Rault souligna une fois encore la prudence des spécialistes, ajoutant sur le ton de la confidence que la compétence des experts officiels lui avait toujours paru surfaite. Il déclara qu'il jugeait plausible l'hypothèse avancée par Chabert : l'accrochage serait survenu quelques heures avant le départ de Fontange, ce qui expliquait qu'il eût laissé la Mercedes au garage ce soir-là, contrairement à ses habitudes.

« Mais en ce cas la trace de sang sur l'accoudoir ? fit observer Chabert.

— C'est un problème, concéda Rault. Mais le rapport que j'ai eu sous les yeux ne présente pas de datation formelle de la tache. Alors pourquoi pas un banal épistaxis ? et remontant à quand ? »

Plus intéressant, selon Rault, était ce qu'il appelait « l'inconnue de l'express 524 ». Les nombreux témoignages enregistrés, ceux des voyageurs, du personnel de la gare, du contrôleur de parcours Leroy concordaient : personne n'avait noté la présence de Fontange dans le train. On avait remarqué son arrivée dans le hall en avance ; il avait acheté des journaux au kiosque, avait attendu l'ouverture de la porte. Au passage, il avait serré la main du contrôleur d'entrée, avait remonté rapidement le quai. Un employé affirmait l'avoir vu grimper dans la voiture 43. Après plus rien, il semblait s'être évaporé.

Rault avait une explication qu'il avançait avec circonspection. Il suggérait que le tueur lui avait emboîté le pas et l'avait assailli par surprise, dans le compartiment vide (Fontange était selon toute apparence le premier à être monté dans l'express). Il l'avait assommé — l'autopsie écartait la possibilité qu'une arme, soit à feu, soit tranchante eût été utilisée et de plus, on n'avait découvert dans le train aucune trace de sang — et l'avait traîné aux toilettes voisines, où il s'était enfermé. Il avait attendu le départ de l'express et l'installation des voyageurs dans les compartiments avant de se débarrasser du corps en ouvrant la portière attenant aux toilettes. Il y avait toutes chances, bien entendu, que ce tueur fût le Portugais, ce Manoel Pereira.

« Vous ne le connaissez pas ? » demanda un jour Rault, assez abruptement.

Chabert parvint à contrefaire la surprise :

« Non. Pourquoi ?

— Vous auriez pu le croiser : il se rendait presque chaque jour à la main-d'œuvre au port. »

Il n'insista pas. Rault, quand il était avec Chabert, ne s'appesantissait jamais sur un point donné. Par exemple, il aurait pu ajouter qu'une rencontre avec le Portugais n'aurait rien eu d'étonnant, puisqu'il savait que Jef était un habitué des quais. Rault préférait l'ellipse. Il donnait l'impression que rien pour lui n'était capital. Il voletait, effleurait les problèmes avec une décontraction qui chez d'autres eût semblé de la légèreté. Il multipliait les questions, sans appuyer, aussi satisfait, eût-on dit, d'un embryon de réponse que d'un silence.

Ainsi de la valise. Sa présence à l'extrémité du couloir se justifiait dans l'hypothèse d'un Fontange agressé dès son entrée dans le compartiment. Mais pourquoi l'assassin avait-il continué à fouiner dans ce même secteur, au mépris de toute sagesse, attirant fatalement l'attention sur lui ? Et pourquoi avait-on trouvé le manteau de Fontange plié au fond du bagage ? Qui l'y avait placé ? Le tueur ? On ne discernait pas le motif qui lui aurait fait prendre un tel risque. Alors Fontange ? Mais avait-il eu le temps de se défaire d'un vêtement qu'il portait sur les épaules quelques secondes plus tôt, les témoins étaient unanimes. Et surtout pourquoi ? On peut ôter un manteau en pénétrant dans un wagon surchauffé, le jeter sur son bras, puis l'étendre dans le filet ou l'accrocher. Mais à quel voyageur est-il arrivé de l'enfermer toutes affaires cessantes dans une valise, comme un objet rare ?

Et la montre? Pourquoi la montre du mort n'avait-elle pas été retrouvée? Il aurait dû l'avoir à son poignet gauche, un chronomètre Jaeger-Le Coultre en or, dont la police avait vite appris qu'il avait été acheté sept mois plus tôt à la bijouterie Prieur, rue de Siam.

Cette maïeutique intéressait Chabert, l'amusait, sans jamais le troubler vraiment, même lorsqu'au détour d'une phrase le commissaire témoignait à sa personne un intérêt très particulier. Ainsi quand il s'était étonné que Chabert, qui frayait très peu avec les Fontange, se fût présenté chez eux deux fois en quarante-huit heures. Chabert traduisit que les Delarue, rentrés de leur déplacement familial dans les Deux-Sèvres, et qui gardaient à nouveau la propriété, avaient parlé.

Il avait prévu la question:

« J'étais venu demander du travail à Fabienne... une place de gardien de nuit à l'usine. Elle m'a dit qu'elle allait en référer à Éric, de repasser. Ce que j'ai fait, samedi matin.

— Et vous aviez obtenu satisfaction?

— Pas du tout! Fontange avait dit non.

— Pourquoi? La place était prise?

— Non, c'est plus simple: Fontange n'avait pas confiance en son beau-frère pour un tel boulot. Fabienne non plus, d'ailleurs. »

Rault avait souri:

« Vous alors, vous êtes franc! »

Et il lui avait tendu son étui à cigares, avait embrayé sur un autre sujet.

Le soir même, Maud à qui il narrait l'incident s'était écriée:

« Tu vois! Ils continuent à t'avoir à l'œil. Je me trompais sur le compte de Rault: méfie-toi, Jef, il est dangereux! »

Chabert avait balayé ses craintes:

« Il merdoie comme les copains! L'affaire passe

beaucoup trop haut pour leurs petites têtes à tous. Ils le savent bien, mais faut qu'ils s'occupent, cré Dieu ! Faut qu'ils justifient leur feuille de paie ! C'est pourquoi ils font comme si ! Rault, c'est dans le genre arabesques : intelligent, le bougre, mais aussi paumé que les autres ! Alors cause toujours, beau merle ! Leur enquête à la manque, s'ils savaient ce que je m'en branle ! »

C'était vrai : Chabert n'était pas inquiet, ne se sentait même pas concerné. Quelques minutes après avoir quitté Rault, il l'avait éliminé de ses pensées. La vie l'avait saisi, l'emportait dans ses tourbillons. Il y avait les rendez-vous avec les hommes d'affaires, les notaires, les banquiers. Presque chaque jour il venait à l'usine. Bien que décapitée, l'entreprise tournait rond : le personnel d'encadrement était bien rodé, les marchés solides. Chabert investissait le bureau directorial. Il éprouvait une joie quasi enfantine à faire craquer sous ses fesses le cuir du fauteuil de Fontange, à abandonner de longs mégots dans son cendrier en céramique aux armes de la maison. C'était l'heure des comptables, on dressait le bilan. Chabert parfois ouvrait un livre, mais les chiffres le barbaient. Il avait du mal à se dire que d'ici peu il donnerait des ordres, porterait sur ses épaules les destinées de la « Grande Fabrique Celtia ». Alors que pour tous c'était déjà fait, il était le patron. A chacun de ses passages il ne recueillait du haut en bas de la hiérarchie que courbettes, mines respectueuses, flagorneries. Chabert soignait son image. Il avait le sourire bien accroché, la poignée de main facile, un mot aimable pour l'un et l'autre.

Il entrait dans le bureau où Maud continuait à diriger le service Relations publiques. Elle n'avait voulu rien changer à ses habitudes.

« Tant que tout n'aura pas été réglé... »

On aurait dit qu'elle n'avait pas encore pris la

mesure de sa nouvelle situation, qu'elle ne pouvait pas se défaire de ses complexes de petite employée de confiance. Cette attitude le chiffonnait. En fait, il la sentait tendue, torturée. Avait-elle entièrement abandonné toute prévention à son égard ? Un jour, il revint à la charge :

« Maud, il faut que tout soit clair entre nous. Si tu penses que, d'une manière ou d'une autre, j'ai été mêlé à la mort de Fabienne, dis-le moi. »

Elle s'en défendit avec vigueur, finit par reconnaître que le premier soir, oui, lorsqu'elle l'avait vu entrer chez elle...

« C'est la raison pour laquelle j'ai songé à te fournir cet alibi. Je m'en mords les doigts ! »

A la différence de Chabert, elle suivait de très près les événements. Chaque fois qu'il rencontrait Rault, elle lui réclamait un compte rendu fidèle de leur conversation. Elle avait même effectué quelques investigations à titre personnel. Ainsi Chabert apprit qu'elle s'était longuement entretenue avec le couple Delarue. Le silence de Fabienne au cours des heures qui avaient précédé le drame continuait de l'obséder :

« Pourquoi ne m'a-t-elle pas appelée ? »

Une telle insistance, le fait qu'elle ajouta à plusieurs reprises : « Jef, tu es certain que tu n'as rien oublié ? » finirent par l'indisposer. Il y vit la permanence d'un soupçon. Il lui dit, un peu agacé :

« Je raconte tout à Rault, si tu veux ? Au fond, je n'ai rien à lui cacher ! »

Mais elle n'eut aucune peine à lui montrer les risques d'une palinodie si tardive.

Elle avait obstinément décliné ses invitations à reprendre la vie commune. Elle était gentille, pourtant, sa porte lui était toujours ouverte. Il se présentait très souvent boulevard Gambetta avant le dîner ; ils passaient la nuit ensemble. Il avait à présent un pyjama neuf en permanence sous l'oreiller, et des pantoufles, parce qu'il en avait assez de s'enrhumer à se promener à poil dans l'appartement.

« Maud, pourquoi ne reviens-tu pas à la maison ?

— Je ne peux pas. Pas maintenant, Jef. »

Elle refusait de s'expliquer :

« Je t'en prie, Jef, n'insiste pas ! »

Qu'est-ce qui l'arrêtait ? Répugnance à renouer avec une expérience malencontreuse ? Réflexe de fierté ? Ou appréhension plus générale, moins formulée ? Chabert savait ce que beaucoup pensaient :

« Elle se rabiboche avec la fortune ! »

Il lut l'insinuation sous bien des sourires. Et même si c'était vrai ? Il trouvait légitime qu'elle y eût pensé. Il se jugeait sans complaisance : c'était lui, lui seul qui avait fait capoter leur mariage ! Le Jef de naguère était un pauvre type indigne de Maud. Mais ce Jef-là était mort. Tout allait changer. Déjà il soignait sa personne, il s'était rhabillé de pied en cap à la Boîte à cravates et à Rive Gauche. Et il s'efforçait de ne pas trop boire, surtout les jours où il devait la voir. Il arrivait rarement chez elle les mains vides, il offrait fleurs, parfums, chocolats de grandes marques. Elle s'étonna une fois :

« Tu as de l'argent, Jef ? »

Elle n'ignorait pas que les comptes de la succession n'étaient pas encore apurés. Il n'osa pas lui avouer son misérable larcin.

« J'ai du répondant : on se précipite pour me faire crédit ! »

Ce qui n'était au reste pas tout à fait inexact.

On approchait de Noël. Et, lassitude ou trêve tacite, l'enquête passa au second plan de l'actualité brestoise. Une fièvre chassait l'autre. *L'Éclair du Ponant* rognait sur les articles consacrés à « l'affaire », au profit des rubriques de circonstance. Les pages intérieures du journal étaient couvertes de photos aux couleurs crues, où des bambins extasiés posaient dans les bras de Pères Noël en houppelande rouge. Elles décrivaient les réjouissances, le programme des messes de minuit et les menus de réveillon. Le quotidien narrait aussi l'arrivée de l'escadre américaine qui venait de mouiller en rade-abri, où elle resterait jusqu'à la fin de l'année. Il s'agissait de lui offrir le meilleur visage, celui d'une cité heureuse. En termes vibrants, *L'Éclair* exaltait les liens indéfectibles avec la grande sœur d'outre-Atlantique. Confrontations sportives, visites protocolaires, prises d'armes se succédaient. A longueur de pages, les galonnés exhibaient leurs poitrines cuirassées de quincaillerie. Le canon tonnait, des fanfares chaque soir remontaient la rue de Siam ou suivaient le cours d'Ajot jusqu'au monument commémoratif. Le vent emportait loin les lambeaux des sonneries aux morts.

Et partout il n'était bruit que de ce qui allait être l'*event* de l'hiver brestois : la réception de gala donnée, la nuit du 31 décembre, dans l'enceinte d'un cercle naval rajeuni, qui, pour l'occasion, étrennerait ses nouveaux salons. En prévision de quoi, on s'agitait dans le petit monde des privilégiés, et nécessité faisant loi, on renouait avec la grande tradition de la Royale : les jeunes épouses des enseignes sautaient un repas sur deux afin de se payer les modèles exclusifs de chez Dior ou Balmain.

Dès cinq heures du soir, les rues pétillaient de lumières et de musiques. Les étalages croulaient sous les victuailles. L'incertitude des lendemains aiguisait les appétits : c'était la Grande Pause, la

Grande Fête de la Panse. Les éclopés étaient sortis de leurs tanières et faisaient cliqueter leurs sébiles. Des escouades de l'Armée du Salut jouaient des marches aux carrefours, les Témoins de Jéhovah clamaient l'apocalypse. De Lorient et de Cherbourg des renforts de putains étaient accourus, en prévision de la demande. Les autorités fermaient les yeux : l'amitié des États-Unis valait bien quelques fesses. Dès l'obscurité venue, chaque coin de rue s'adornait d'une grue. Brest n'était plus qu'un gentil bordel au bord de l'eau. Jusqu'à très avant dans la nuit, les bars étaient pleins de marins yankees ivres et chantant.

Les contrôles de police s'étaient assouplis. Éva et Bob avaient repris leur pot de peinture et badigeonnaient pour la plus grande gloire de Dieu. Par prudence toutefois ils avaient déplacé leur aire d'activité et opéraient sur les routes et dans les villages de la région, ce qui les avait contraints de troquer leurs vélos contre la poussive VW, au grand dam d'Éva qui dénonçait cette forme manifeste d'embourgeoisement.

Sans doute porté par l'atmosphère générale, Chabert passa ces journées dans un état d'euphorie sans nuages. Les problèmes s'estompaient. Même Rault se faisait rare. Si Jef évoquait encore Manoel parfois, (Maud l'aidait à ne pas oublier) c'était comme un très vieux souvenir. On ne retrouverait jamais le Portugais. Tout paraissait lui réussir : il avait le sentiment d'avoir conjuré la guigne, définitivement.

Depuis toujours Jef Chabert avait vécu sous le signe de l'échec. A quinze ans, son père lui prédisait :

« Un jour, mon gars, tu ramasseras des clopes à la sortie de l'arsenal ! »

Le père Chabert était un ancien chauffeur des messageries. Grièvement brûlé en 39, à la suite de l'explosion d'une chaudière, pensionné à cent pour cent, Jef l'avait toujours connu grabataire, promenant sa misère et ses rancœurs du lit au bassin de sciure sous la fenêtre où il crachait ses poumons.

Il avait rêvé Navale pour son fils et enrageait de le voir si instable. Le bonhomme s'éteignait en 57, quelques mois avant que Jef ne réussît à décrocher son bac. Chabert devint pion à Rennes, et à tout hasard s'inscrivit en Lettres où deux ans durant il collectionna les revers. Il fit son service en Algérie. Au retour, il lut dans un journal que la police recrutait. Il tenta le concours, y réussit, se découvrit O.P.A. Il avait vingt-quatre ans.

Quelques semaines plus tard, en poste au Mans, il assista à son premier passage à tabac. C'était un clochard un peu soûl, un peu fou, qu'une patrouille nocturne avait surpris aboyant à la lune. Chabert jamais ne devait oublier cette image : le pauvre hère titubant, au visage souillé de larmes, de sang, de morve, que deux costauds se renvoyaient, sous les regards indifférents. Dès cette minute, Jef sut qu'il ne serait jamais un bon flic, dans la mesure où il y avait un plaisir qu'il se refuserait toujours : celui de pouvoir impunément démolir le portrait d'un individu désarmé.

Ce privilège, tous autour de lui paraissaient l'admettre, sinon en user. Au demeurant ni meilleurs ni pires que d'autres : c'étaient pour la plupart de braves gens, excellents époux, adorant leurs gosses, bons camarades. Le système était responsable, qui d'un bloc investissait ces frustrés — les commissariats du Mans regorgeaient de fils d'ouvriers, de cadets de paysans besogneux — de la terrible griserie de la puissance. Chabert comprit aussi rapidement que ces hommes souvent lucides et parfois frondeurs en aparté (plusieurs pensaient et votaient à gauche), dans leur pratique professionnelle se rangeaient comme au sifflet du côté de l'inégalité établie. La loi était la même pour tous, mais on ne traitait pas identiquement, pas avec les mêmes mots ni les mêmes gestes, la pauvresse surprise à piquer une savonnette à Monoprix et le chef d'entreprise dont la Mustang venait de buter un cyclomotoriste, au sortir d'un repas d'affaires : on ne tutoie pas un P.-D.G., même ivre.

Mais Chabert n'avait pas l'âme d'un révolté. Il ferma les yeux, prit à la profession ce qu'elle avait à lui offrir : la sécurité, une paie régulière, une bonne solidarité de classe. Il eut droit à quelques lazzis, on brocarda ses états d'âme, mais finalement on l'accepta. On savait seulement que pour certaines besognes il ne fallait pas compter sur Chabert. Il lisait beaucoup à l'époque, rimaillait même à l'occasion, en salle de garde. Il troussait des couplets pour les promotions et les départs en retraite. C'est dès cette période qu'il se mit à fréquenter les cafés, où il passait des heures, entre deux séances de planque, à jouer au 421 ou à la belote.

En 64 (il était alors à Angers), il dansa avec Maud au bal des Petits Bâtons Blancs. Il la fréquenta assidûment, l'épousa à la fin de l'année. Dans ce que Chabert appelait lui-même « la dégringolade », ce fut la halte. Ils s'aimaient. Sans être riches, ils arrivaient à vivre. Chaque année, lorsque son service le permettait, ils venaient passer le Nouvel An à Brest. Seule ombre au tableau : très vite ils surent que Maud n'aurait jamais d'enfant.

Quand la mère de Jef décéda, durant l'hiver 67, ils acquirent la maisonnette de la rue Le-Gonidec, en dédommageant Fabienne, qui avait d'abord parlé de vendre, mais y renonça et finalement ne se montra pas trop gourmande. Ils durent s'endetter. Maud, qui n'avait pas travaillé à l'extérieur depuis son mariage (Jef s'y opposait), reprit du service chez un agent immobilier.

En 70, Chabert, qui depuis longtemps postulait Brest, obtenait satisfaction. Il s'estima comblé. Il s'installa dans sa nouvelle vie, il eut très vite ses habitudes au port, des bistrots de prédilection, où il retrouvait les copains et tapait le carton en éclusant des petits verres. Un soir, par jeu, il trompa Maud. En conçut un remords noir toute une semaine. Et repiqua. Il aimait sa femme, pourtant. Et elle ?

Chabert était incapable de situer le moment où quelque chose d'essentiel avait été cassé entre eux, où ils l'avaient senti l'un et l'autre. Ç'avait été une très lente détérioration, dont l'origine, sans doute, était bien antérieure à l'arrivée à Brest. Sans doute aussi leur couple subissait-il l'inéluctable érosion du temps ? Leurs rapports se détériorèrent. Il but davantage, commença à découcher : les servitudes du métier lui fournissaient maint prétexte. Elle comprenait tout, bien sûr. Quand il rentrait, parfois à l'aube, puant l'alcool et la fille, elle ne dormait pas ; c'était comme si elle l'attendait. Pourtant les reproches étaient rares, et voilés. Elle disait :

« Pauvre Jef ! »

Il eût préféré des insultes.

Les remontrances venaient de sa sœur. Il la voyait très peu, mais il y avait les deux réceptions obligées, pour l'anniversaire de Fabienne et au premier de l'An. Corvées odieuses où celle-ci le harcelait de ses diatribes moralisatrices, tandis que Fontange, le nouvel étalon-maison, rigolait. Un jour, à leur table, Jef se soûla à mort, tint des propos délirants et, au dessert, dégueula sur la nappe *en Madère*. Ce fut leur dernière invitation chez les Fontange. A tort ou à raison, Chabert se persuada que Maud ne lui avait jamais pardonné l'esclandre.

A la police aussi, ça se gâtait. Son inconduite était notoire. Il essuya plusieurs admonestations. On suggéra discrètement à Maud de faire pression sur lui pour qu'il se décidât à demander son changement. Mais il ne voulait rien entendre. Il l'aimait trop, sa ville surgie de rien, sans arbres et sans greniers, sa ville rebâtie de briques et de toc, triste avec son visage chiffonné de vieil adolescent. Il l'aimait telle qu'elle était, dans ses ciels chargés, dans le sortilège de ses quais déserts et le mouvement de ses navires aux noms d'aventure... Il avait grandi avec elle, ses yeux avaient eu pour décor ses ruines, puis ses chantiers. Entre leurs jeunesses mille liens s'étaient tissés, que l'absence n'avait pu briser. Et il était revenu à elle, ils s'étaient reconnus, dans leur commune maturité. Il ne la quitterait plus.

L'arrivée de Bodart mit le feu aux poudres. D'emblée, Bodart exigea un changement radical de conduite, qu'il n'obtint pas. Il le fit déférer en conseil de discipline. Chabert demanda pardon, mit en avant la maison paternelle, dont quelques traites restaient à payer, promit de s'amender. Il s'en tira avec un blâme. Et retourna aussitôt à ses vices.

Quand les événements survinrent, il était sur la liste noire. Il essuya de plein fouet le choc du vent d'épuration qui soufflait sur la police : révoqué sans préavis. Il tâta alors de plusieurs emplois, fut démarcheur, magasinier chez un shipchandler, veilleur de nuit en zone portuaire. Ne réussit à s'implanter nulle part. Il en vint à se dire qu'un dossier confidentiel le précédait, qu'il était comme un pestiféré sur la place. Il aurait fallu partir, mais il n'en avait pas le courage. D'ailleurs, cela faisait longtemps que Maud n'en parlait plus.

Un soir, elle ne rentra pas à la maison. Durant les deux jours de son absence, Chabert ne dessoûla pas. Elle reparut enfin. Elle était très grave :

« Nous allons nous séparer, Jef. C'est nécessaire. Je ne t'importunerai plus, sois tranquille ! J'ai loué un studio. Fabienne m'offre une place à l'usine, une bonne place. Je commence demain. »

Chabert eut l'impression d'un complot, auquel tous, Maud, Fabienne, Fontange avaient pris part. Il ne discuta pas. Sans doute, cela devait arriver. Il s'enroula dans sa solitude. La plupart des gens les croyaient divorcés, mais ils n'allèrent jamais devant le juge. Chabert pensa que c'était Fabienne, pour de complexes mobiles de standing personnel, qui l'avait déconseillé à Maud.

Ainsi se créa entre eux cette situation ambiguë. Ils se voyaient de loin en loin. Maud l'aida à régler les dernières mensualités du pavillon, le dépanna dans les moments les plus durs.

Quand Fabienne fit appel à lui, Chabert était au plus bas. Il lui restait une maison délabrée, un téléphone qu'on ne lui avait pas encore coupé, des ardoises un peu partout. Il lui restait aussi les deux canaris, et des tas de souvenirs, qu'il remâchait tristement en se regardant couler.

Et puis ce fut le miracle, jaillissant sous les mains des tueurs du F.R.A. ! Du jour au lendemain Jef fut un autre homme. La fortune garantie, et l'espérance d'un nouveau départ avec Maud. La chance passait dans son camp, et Jef était bien résolu à ne plus la lâcher. Au cours de ces journées, plusieurs fois il se rappela la prophétie du père Chabert :

« Tu ramasseras des clopes ! »

Il y rêvait, avec une mélancolie tendre. L'un de ses premiers gestes de nouveau riche fut d'aller fleurir l'humble tombe de ses parents au cimetière de Kerfautras.

Le jour de Noël, Maud accepta de l'accompagner au restaurant. C'était leur première sortie publique depuis longtemps. Ils déjeunèrent à l'auberge de la Baie des Anges à l'Aber-Wrac'h. Dès le homard grillé, Chabert attaqua :

« Maud, j'avais pensé que l'on pourrait réveillonner ensemble. »

Il ajouta, avec un sourire inquiet :

« Pas au restaurant. Chez nous... »

Il y songeait depuis plusieurs jours, mais n'avait pas osé jusqu'alors lui soumettre son projet, tant il redoutait un refus.

Il surveillait son visage. Il saisit le furtif éclair dans les yeux de Maud, et aussitôt apparut la moue contrariée, précédant la litanie des objections. Il y porta de fer avec fougue, conscient que sa résistance mollissait. Il rappela ces soirs du 31, naguère, où tous les deux, derrière la fenêtre de la cuisine, guettaient l'arrivée de la nouvelle année. Maud souriait.

« Les sirènes de minuit... Mais non, Jef, je n'ai pas oublié... »

Elle resta un moment silencieuse. Chabert comprenait qu'un dur combat d'arrière-garde se déroulait en elle. Le pas décisif. Elle dit doucement, et c'était comme un défi qu'elle jetait, à elle-même, à l'avenir :

« Pourquoi pas ? »

Ils discutèrent du menu. Jef, dans l'enthousiasme, trancha :

« Je m'occupe de tout ! »

Mais elle tempéra son ardeur :

« On court au désastre ! Il serait quand même prudent que je supervise un peu, tu ne crois pas ? »

Chabert se remua beaucoup cette dernière semaine. Il s'agissait de faire de ce 31 décembre une date unique, et pour cela aucun détail n'était à négliger. Il assiégea traiteurs et poissonniers, commanda des plantes vertes, se fit livrer une chaîne Hi-Fi pour remplacer le tourne-disques depuis longtemps aphone. Partout il constatait que le simple énoncé de son nom accomplissait des merveilles :

« Un acompte à votre convenance, monsieur Chabert, et votre signature... »

Jef, qui n'avait jamais été riche, qui avait toujours vu ses parents tenant serrés leurs comptes, dépensant au plus juste — un sou était un sou — connaissait l'ivresse de pouvoir s'offrir le plus beau, le plus cher.

L'après-midi du 29, il passa des heures à la Guilde des Orfèvres, avant de porter son choix sur une parure or et platine pour Maud. C'est alors qu'il revenait de chez le bijoutier qu'un voisin, dans la rue, lui annonça l'arrestation de Manoel.

Trois semaines de cauchemar...

La première nuit passée au refuge de la rue de Rennes, la veste trop voyante troquée auprès d'un clochard contre ce blouson plein de puces et de trous, et la fuite éperdue, soir après soir, de foyer en hôtel borgne, jusqu'à cette mansarde des bords de Seine où il avait échoué et s'était confiné. Il ne s'en extrayait que l'obscurité venue, en tapinois, achetait du pain, de la charcuterie, un quotidien, se terrait à nouveau. Dix fois, il avait failli téléphoner au père Jaouen, et toujours il avait flanché. Oui, il avait peur... Des lumières, des gens qui passaient, de la police, de cette image de lui-même qu'elle avait forgée et qui s'étalait dans le journal. Peur d'un grincement de porte, d'une galopade dans l'escalier branlant, du cri de la tapineuse du dessous que deux brutes rudoyaient. Peur du regard appuyé de la tenancière, une pouffiasse dépoitraillée qui, chaque matin, montait lui soutirer le prix de la nuit à venir...

La veille enfin, il s'était décidé. Le journal depuis quelque temps semblait l'oublier. Et il n'avait plus d'argent, tout juste de quoi payer sa place de retour. Il allait rentrer, il demanderait conseil au père Jaouen : ce qu'il dirait serait bien.

Dans le train, il avait dormi, s'était réveillé après Rennes au moment où on lui réclamait son billet. Au départ de Landerneau, il avait remarqué les deux types dans le couloir, qui l'observaient à travers la vitre. Ils s'étaient éloignés. Manoel s'était glissé hors du compartiment, avait progressé vers la sortie. Les deux hommes également. Il avait sauté en gare de Brest, alors que l'express n'était pas encore immobilisé.

« Arrêtez ! »

Il avait commencé à courir. Une jambe soudainement s'était tendue devant lui. Manoel s'était étalé sur le quai. On lui avait sauté dessus, on lui avait passé les menottes, un poing lui avait écrasé la pommette. On l'avait entraîné au bureau de la gare. Il avait tout de suite déclaré, oui, c'est moi celui que vous cherchez. Pourquoi nier ? Il n'avait rien fait de mal, et il était si las...

18 h 20.

On l'avait quasiment mis au secret. Pour être tranquille, Bodart l'avait fourré dans un cagibi du premier étage servant de réserve. Pas de fenêtre, pas de mobilier, une ampoule poussiéreuse au bout du fil noir de chiures de mouches, des dossiers ficelés, à même le sol, et un lot de machines à écrire déclassées dont les Domaines n'avaient pas voulu. Deux chaises de bois. Le Portugais occupait l'une d'elles. L'un des bracelets des menottes avait été fixé au radiateur éteint du chauffage central. Quand l'homme remuait, l'anneau glissait le long du tuyau et raclait le métal, évoquant le cliquetis qu'on entend dans les étables le soir, lorsque les bêtes tirent sur leurs longes. Ses deux pommettes étaient tuméfiées, des fils de sang noir traînaient dans la barbe sale. De son bras gauche libre il se protégeait, mécaniquement, au moindre grossissement de voix, comme un gosse habitué aux beignes, un œil à demi fermé par un hématome, l'autre, mobile sous la paupière bistrée, épiant l'adversaire. Il sentait la crasse, la sueur, l'insomnie.

Debout, les mains aux hanches, Bodart examinait le Portugais avec curiosité. Lorsqu'on l'avait amené, il avait fait la moue. C'était ça, l'homme qui depuis trois semaines, défiait toutes les polices de France ? ce nabot effaré ?

« Il ne tiendra pas un quart d'heure ! »

L'individu, de fait, semblait terrorisé. Il avouait, oui, j'ai filé Fontange. Il fournissait des précisions qu'on ne songeait pas à lui demander. Seulement, ça s'arrêtait là, pas question de lui arracher l'essentiel : qu'il avait exécuté l'industriel. Bodart, Rault, un O.P.A. tour à tour s'y étaient cassé les dents. Une seconde fois, Bodart avait décidé de tenter sa chance.

« Tes histoires, c'est de l'eau de boudin, dit-il. Moi, j'aime les choses claires ! Alors on fait le vide, et on repart à zéro. »

Il attira la chaise, y déposa son énorme fessier avec précaution. La douleur depuis quelques jours lui laissait un peu de répit, mais il la sentait tapie sournoisement et toute prête à redonner de la voix.

« Ce type qui t'a payé pour suivre Fontange, qu'est-ce qu'il lui voulait ?

— Je sais pas, dit le Portugais.

— Qui c'était ?
— Je sais pas.
— Décris-le voir un peu. »
Manoel eut une expression accablée :
« Je l'ai déjà dit.
— Fais comme si je n'avais rien entendu. »
Manoel soupira. Il l'avait vu si peu de temps ! Et il y avait la nuit, la pluie. Il se souvenait qu'il était grand, portait un imperméable très long, une casquette, des lunettes sombres. Il l'avait fait entrer dans sa voiture, une Chrysler qui stationnait à quelques mètres de l'échelle d'un bateau à quai...
« Quel quai ?
— Je les connais pas. Je crois qu'on a tourné face à la rue de Narvik.
— Et la Chrysler, quelle couleur ?
— Grise...
— Tu as dit beige, tout à l'heure.
— Grise ou beige, je sais pas, j'ai pas bien vu...
— Le nom du bateau ?
— *Marie-José.*
— Tu as une sacrée mémoire, dis donc ! »
Manoel souleva les épaules, tira sur sa chaîne. La canalisation tinta. Pouvait-il expliquer au commissariat que José, c'était aussi le prénom de son troisième gosse, son seul garçon, celui qui poussait si mal ? C'était aussi bête que ça : un mot qui vous accroche, une image qui se fixe en vous pour toujours.
« Je mens pas. Vous pouvez contrôler.
— On s'en occupe, figure-toi ! Ce type à l'imperméable, tu le connaissais ? Tu l'avais déjà rencontré ?
— Non.
— Et comme ça, de but en blanc, tu acceptes de travailler pour un inconnu ?
— J'avais besoin d'argent.
— Nous y voilà ! Pour de l'argent, tu étais prêt à

tout! Le type te commande de liquider Fontange...

— Non! Je l'ai pas tué!

— Alors pourquoi tu as pris la fuite tout à l'heure?

— J'avais la frousse.

— Parce que tu n'avais pas la conscience tranquille! Pour la même raison que tu te planques depuis trois semaines! Allez, avoue!»

Manoel laissa tomber sa tête avec accablement. Avouer quoi? Sinon qu'il était à bout, fatigué de s'interroger, de se cogner à des événements qu'il ne comprenait pas...

«Je vais te dire, moi, ce qui s'est passé, dit Bodart. Tu as suivi Fontange pas à pas. Tu es monté derrière lui dans la voiture 43. Tu l'as laissé passer la porte du couloir et là...

— Non! cria Manoel, je vous dis que je l'ai pas vu!

— Tu lui as sauté dessus, et tu l'as assommé...

— C'est pas vrai!»

Vlan! La baffe était partie, si vite que le bras de Manoel n'avait pu esquisser une parade. Bodart aperçut la marque rouge que sa chevalière venait d'imprimer à la joue du Portugais. Il se frotta les doigts, souffla avec ennui. Il n'aimait pas battre. Pour comble, il s'était froissé quelque chose. Il fit jouer ses articulations, se dit qu'il avait les nerfs à vif. Il consulta sa montre. Dix-huit heures vingt-cinq déjà! L'heure courait la poste, et il n'avait pas progressé d'un poil. Bourrique de bicot! (Pour M. le commissaire principal, toutes les peaux colorées appartenaient à des bicots).

Bodart se détacha de la chaise, imprima à son arrière-train un mouvement de roulis: il collait au bois. Métier de tordus! Dans moins de deux heures il y avait cette fichue réception chez Hamel, grosse bouffe et gambille-party. Le maire suivait l'affaire à la loupe (il avait déjà téléphoné deux fois depuis l'arrestation du Portugais), il allait le tarabuster sur les résultats obtenus, l'abreuver de directives et de conseils. Et Dieu sait ! quand ça se terminerait, le cocktail ! Bodart était sur pied depuis six heures quarante-cinq. Passé vingt heures, il avait sa claque, il n'aspirait qu'à enfiler ses pantoufles, à casser une croûte, embrasser son môme (un garçon, Nicolas, neuf ans, qu'il s'était fabriqué sur le tard) et se couler entre ses draps. Mais pas question de se défiler : on ne refusait pas une invitation d'Hamel.

Il se caressa le visage : une vraie râpe à gruyère ! S'il demandait à Rault de lui prêter son Sumbeam ?

Le Portugais épiait tous ses gestes, l'avant-bras gauche en garde haute. Il s'était encore un peu plus recroquevillé sur sa chaise. L'estampille de la chevalière sur sa joue était devenue violacée. Bodart, bizarrement, ressentait soudain quelque chose qui ressemblait à de la pitié. Il se racla la gorge, dit : « Pop ! pop ! pop !... T'as eu tout le temps de réfléchir, mon gars. Ça sert à quoi de se buter, hein ? Alors on continue, gentiment. Mme Fontange, tu la connaissais ?

— Non. Je connais personne.

— Tu sais au moins qu'elle est morte ?

— J'ai lu ça dans le journal.

— C'est ton complice qui a fait le coup, dit Bodart sur le ton de la confidence. Vous vous êtes réparti le boulot. Tu as déjà entendu parler du F.R.A. ? Le Front Révolutionnaire Armoricain ?

— Dans le journal, répéta Pereira.

— C'est pourtant pour ces types-là que tu as travaillé ! »

Manoel secoua légèrement la tête :

« Je suis Portugais, pas breton !

— La crapule terroriste n'a pas de patrie ! »

affirma sentencieusement Bodart, reprenant sans s'en douter une mâle formule d'un éditorial de *L'Éclair*.

On frappait à la porte. Fitament avança sa tête chevaline, lui adressa un petit signe. Bodart se leva, vint à lui.

« On demande après vous... Un curé, cet abbé Jaouen, vous savez, qui...

— Qu'est-ce qu'il me veut ?

— Je ne sais pas. Il a l'air pas mal énervé...

— Dis-lui que... »

Bodart réfléchit. Du tact. Le père Jaouen n'était pas n'importe qui. Qui sait même si en haut lieu... Pas d'impair donc, de la diplomatie.

« Je vais le recevoir. Prends le relais, fils, fais-le parler. La roue, tu saisis ? La roue qui tourne, sans arrêt. Vu ?

— Vu », dit Fitament.

19 h 30.

« Vazel est là, dit Rault.

— Alors ?

— Intéressant, vous verrez. »

Ils pénétrèrent dans le bureau des inspecteurs.

L'O.P.A. Vazel venait de rentrer du port, et nourrissait un ténia têtu en dégustant une banane. Jeune, très maigre, un visage mobile aux maxillaires proéminents, il ressemblait à Michel Debré, en version améliorée. Bodart le trouvait un peu brouillon, mais le gars était accrocheur et ne manquait pas d'entregent.

Il jeta la pelure dans la corbeille et se torcha les lèvres.

« J'ai eu du pot, la *Marie-José* vient de mouiller cette nuit même. Il fait le cabotage et arrive de Lorient. Il était bien à l'éperon du Grand Bassin du

Nord-Est, le matin du crime. Mieux : à l'heure indiquée par le Portugais, il y avait réellement une Chrysler au bas de l'échelle de coupée.

— Comment l'as-tu appris ? »

Vazel écrasa un rot dans sa paume, et Bodart perçut le relent de fruit mûr.

« Par le tonton lui-même, un certain Coppola. Bougrement embêté le mec, mais il a vidé son sac illico. Il crève de trouille d'être mêlé à l'histoire, alors il cause, il veut coopérer qu'il dit : un moulin à paroles...

— Il n'est pas le seul, dit Bodart. Abrège.

— La Chrysler appartient à une dame Plusquellec, dont le mari vogue sur la *Jeanne* — un officier marinier, quelque chose comme maître ou premier-maître, si j'ai bien compris. Laquelle dame, pour arrondir son budget ou pour tromper son ennui, les deux sans doute, vient chaque matin, quand la *Marie-José* fait escale, s'envoyer en l'air avec le Coppola !

— Le matin ? dit Bodart, qui fouilla rapidement dans ses souvenirs conjugaux.

— Caprice physiologique : Coppola déclare qu'il n'est en état qu'après une solide tranche de sommeil. Faut le prendre comme il est, le chéri, encore tout chaud de sa nuit ! Vu également la dame Plusquellec. Encore plus catastrophée que son amant. Ça fait des années qu'elle court le guilledou, et le mari n'est au courant de rien, bien entendu. »

Bodart eut une réflexion méprisante sur la dégradation des mœurs. Sur quoi Vazel se permit d'ironiser, affirmant qu'entre marins, on se trouverait bien un terrain d'entente. Imperturbable, Rault fumait son long cigarillo.

« Un détail encore, dit Vazel. La femme m'a déclaré qu'elle fermait rarement la bagnole. Elle est tellement pressée quand elle débarque de se mettre à l'abri que...

— Intérêt ? coupa Bodart.

— Elle fait valoir que n'importe qui a pu utiliser la voiture durant tout le temps où elle pratiquait...

— Ouais... Et du navire personne n'a rien remarqué ?

— Apparemment. J'ai bien sûr dit à Coppola et à sa poule de se tenir à notre disposition.

— Bien. Tu me fais un rapport détaillé, hein...

— Compris, chef. »

Vazel sortit. Bodart et Rault revinrent dans le bureau du commissaire.

« Beaucoup de bruit pour rien, dit Bodart. Il était prévisible que les tuyaux fournis par le Portugais se trouveraient confirmés. Tactique archiclassique : on se défausse du détail pour mieux sauver l'essentiel.

— Je ne suis pas tout à fait de cet avis, dit Rault doucement.

— Tiens donc ! »

Le caractère agressif de la réplique arracha à Rault un très fin sourire. Bodart, dans ces cas-là, lui faisait penser à un gros toutou hérissé à qui on essaie d'ôter son os.

« Pereira est loin d'être un sot. Vous signaliez vous-même à l'instant son habileté. Lorsqu'il a décidé de disparaître de la circulation, il l'a fait avec assez d'à-propos pour échapper plusieurs semaines durant aux recherches. Aussi je m'interroge : après s'être débarrassé de Fontange, pourquoi diable s'est-il incrusté près de la valise ? Et il a fureté dans les compartiments bien après le départ de l'express. Pour quelle raison s'est-il tant montré ?

— C'est à lui qu'il faut le demander, dit Bodart avec humeur.

— Je l'ai fait, naturellement. Son explication, vous la connaissez ; elle ne manque pas de cohérence. Par contre, s'il est coupable, sa présence dans le couloir relève de l'inconscience. »

Bodart s'assit derrière son bureau.

« Où voulez-vous en venir, Rault ? »

Il accusait le coup. Si prévenu qu'il fût (la dialectique de son adjoint invariablement le braquait), force lui était d'admettre que ses observations étaient marquées au coin du bon sens.

« A ceci. Pereira a joué un rôle dans l'histoire, c'est entendu. Mais si les cartes étaient biseautées même pour lui ? S'il n'était qu'un pion manipulé à son corps défendant pour brouiller les pistes ? Je me demande si nous ne sommes pas tombés dans le panneau...

— Hypothèse hardie ! Et qui nous ramène au point zéro.

— Pas forcément », dit Rault d'un ton léger.

Il s'était campé devant une immense carte de Bretagne qui tapissait un des murs de la pièce. Son index un instant courut sur le papier.

« Vous avez noté ce pont qui enjambe la voie de chemin de fer, pratiquement à la verticale de l'endroit où le cadavre de Fontange a été découvert. Nous avons tous jusqu'ici pensé à une coïncidence. »

Il pivota lentement sur ses talons.

« On aurait pu balancer le corps ? »

Bodart eut un sursaut, fit :

« Pop ! pop ! pop ! Je ne vous suis plus, Rault. Fontange est bien monté dans le train ? Les témoignages sont formels, même celui du Portugais... »

Rault dit : « Oui, bien sûr. » Il parut sur le point d'ajouter quelque chose, y renonça, changea de voie — et c'était ce qui horripilait le plus Bodart, ce papillonnage impénitent :

« Vous savez qu'entre Chabert et sa femme, ça va

très fort ? Il passe presque toutes les nuits chez elle ! Le jour de Noël, ils étaient ensemble au restaurant. »

Bodart ricana :

« Quoi de plus naturel ? Chabert est devenu un monsieur sur la place ! Presque une vedette ! C'est assez pour retendre quelques liens, non ?

— Je vous entends. L'étonnant, c'est que ce samedi... décembre, quand Chabert s'est présenté chez sa femme, elle l'ignorait. Or elle a accepté qu'il reste : il ne l'a quittée qu'à une heure. Tête-à-tête qu'ils n'avaient pas connu, de leur propre aveu, depuis leur séparation. Toutes leurs explications ne peuvent cacher ce fait brutal : les raccordailles se sont faites à l'heure même où les Fontange étaient assassinés ! Encore une coïncidence... »

Bodart examinait Rault avec une espèce de malaise. Le jeu de son subordonné lui échappait. Rault n'avait jamais accusé Chabert. Et c'était au moment précis où le suspect n° 1 était arrêté...

« Chabert serait dans le coup ?

— Il a pu matériellement tuer sa sœur, même en acceptant l'heure déclarée d'arrivée chez sa femme. Quant aux mobiles éventuels, ils crèvent la vue.

— Il aurait donc forcément un associé ? Vous éliminez le Portugais... Alors qui ? Sa femme ?

— Je n'ai aucune certitude, même concernant Chabert. Je cherche...

— Et le F.R.A. ? vous l'avez oublié ? »

Rault allumait un autre cigarillo.

« Pourquoi Chabert n'en serait-il pas ? »

Bodart se renversa contre le dossier du fauteuil, gloussa :

« Jef Chabert terroriste ! Si vous connaissiez le gaillard comme moi ! D'ailleurs, relisez les déclarations de la fille du port, celles du patron du Cuzco : Chabert ce soir-là avait sa charge ! Singulière préparation psychologique, convenez-en !

— En effet, dit Rault. Seulement... était-il réellement ivre ? Sauf erreur, la fille ne le dit pas. Elle cite en revanche son attitude étrange, inquiétante : “Il tenait des propos décousus, bizarres... Il m’a fait très peur.” Pourquoi la renvoie-t-il si brutalement, après une colère qui ressemble fort à un prétexte ? »

Bodart sembla ébranlé quelques secondes. Puis il secoua énergiquement la tête :

« Non ! Il est impensable que Chabert ait pu agir pour le compte du F.R.A. ! C’est délirant ! Personne ne se serait risqué à embaucher une pareille lavette, encore moins à lui confier un travail un peu sérieux ! A moins de rechercher le suicide !

— Je suggère donc une autre hypothèse », dit Rault.

Il s’approcha du bureau.

« Le F.R.A. n’a jamais existé ! »

Il marqua une pause, le temps de jouir du spectacle de choix que constituait la gueule éberluée du patron.

« Qu’est-ce que l’on sait du mouvement ? En dehors de la lettre aux Fontange, juste quelques inscriptions ici et là, assez banales, et le tout, j’y insiste, très récent ! J’oubliais l’appel anonyme à la rédaction de *L’Éclair*, dimanche soir. »

Il chercha un cendrier, détacha d’une tape précise le cyclindre ardoisé. Il cultivait son effet, exaspérant de lenteur calculée.

« Et si c’était une supercherie ? un mouvement bidon fabriqué de toutes pièces par les assassins pour créer la diversion ? Auquel cas, d’ailleurs, ça serait gagné ! Nous avons marché, la France entière a marché ! »

Bodart demeura silencieux quelques secondes, la mine renfrognée. Il se força à sourire :

« Vous ne manquez pas d’imagination, Rault, compliments ! »

Il consulta sa montre, bougonna : « bientôt vingt heures, il faut que je me sauve ! » Il prit appui sur le tablier du bureau, se hissa, gagna le porte-manteau, où il avait accroché son pardessus et son chapeau.

« Mais attention ! A trop vouloir décoller des faits, il arrive qu'on se retrouve le cul par terre !

— J'en suis persuadé, dit Rault. C'est pourquoi je reviens à Chabert. J'aimerais qu'on le confronte dès demain matin avec le Portugais. »

Bodart se retourna vivement :

« Avec le Portugais ? Pourquoi ? »

Derrière son rideau de fumée bleue, Rault était comme un bonze indéchiffrable.

« Une idée... L'homme aux verres sombres qui aurait engagé Pereira... si c'était lui ? »

21 heures.

La grande salle des fêtes de l'hôtel de ville étincelait sous les lustres monumentaux. Comme toujours M. le maire de Brest avait fignolé son raout. Le buffet barrait toute une largeur de salle, pantagruélique et coloré comme une mosaïque. Les bouchons claquaient, la mousse du champagne giclait, les garçons en veste blanche faisaient tourbillonner au-dessus de la foule leurs plateaux chargés de coupes. Sur la piste, lustrée comme une patinoire, tout ce qui détenait une parcelle de poumons et de jambes dansait, soutenu par le piano et les cordes de l'école de musique. Les autres s'empiffraient de pâtisseries ou s'alcoolisaient aimablement, rassemblés par petits groupes babillards. A travers les grandes baies donnant sur la place de la Liberté, on apercevait le manteau pailleté de guirlandes, tendu sur la rue de Siam, et au fond les premiers feux de Recouvrance.

Profitant d'un boston, Bodart avait enlevé la mairesse. Mme Hamel n'avait pas d'âge. Filiforme, fringuée comme une institutrice des années 30, la fesse maigre, le sein symbolique, elle appartenait à cette race de femmes, dont la réserve de façade couvre un brasier de sensibilité. Dès les premières mesures de la *Valse dans l'ombre* et sans doute la Veuve Clicquot aidant, elle avait passé ses bras en couronne autour du col du commissaire, avait collé sa joue humide au cuir râpeux de son partenaire. Elle suintait la tendresse. Une mèche de ses cheveux agglutinée par la transpiration caressait en cadence le nez de Bodart, comme un plumeau. Il reniflait, fort ennuyé, restait stoïque toutefois, tendant consciencieusement le jarret pour marquer le temps fort.

Il aperçut Mme Bodart, toute pimpante dans les bras de Limonetti, l'entrepreneur. Elle lui adressa un clin d'œil de connivence. Elle avait l'air de beaucoup s'amuser.

Sur un dernier arpège des violons, les danseurs se figèrent. La joue de la mairesse se détacha dans un ploc! de ventouse. Elle se mit à applaudir avec frénésie.

« Monsieur le commissaire ? »

Hamel s'était approché, souriant et distingué dans son habit noir, le visage jeune malgré la demi-calvitie qui accusait le front vaste.

« Zette, je peux t'enlever ton cavalier quelques instants ? Nous avons à bavarder. »

Zette trépigna comme une gamine :

« Crotte ! monsieur le maire ! Vous ne pourriez pas oublier la politique une petite heure ?

— Hélas ! » dit Hamel.

Il entraîna Bodart à travers les couples. Quelques secondes plus tard, l'ascenseur les déposait au quatrième étage. Hamel ouvrit la porte de son cabinet, s'effaça :

« Donnez-vous la peine d'entrer, monsieur le commissaire. »

Un homme qui était assis au fond de la pièce se leva.

« Bonsoir, commissaire. Comment va votre santé ? »

Bodart reconnut M. Jean. Il serra la main sèche qu'on lui tendait :

« Beaucoup mieux, merci. »

Hamel refermait la porte, désignait le fauteuil d'un arrondi du bras, prenait place derrière le grand bureau d'acajou.

Bodart se répandit parmi les coussins, défit les deux boutons de son veston, puis ceux de son gilet. M. Jean avait croisé les bras et l'observait, un sourire un peu triste aux lèvres.

M. Jean était un petit homme frileux et noir, dont le visage aurait été banal sans la flamme des yeux sombres, légèrement exorbités. Très effacé, avare de paroles et de gestes, il donnait en permanence l'impression de vous demander pardon. Lorsqu'il quittait son bureau le soir pour rentrer chez lui, rue d'Aiguillon, les gens qui le voyaient passer, rasant les murs, serré dans son pardessus noir à col de lapin, feutre vissé droit sur le crâne, parapluie scandant la marche, s'imaginaient quelque paisible retraité en train d'effectuer son footing vespéral. Catholique à tous crins, féru de patrologie, il entendait la messe chaque matin à Saint-Louis et faisait retraite une fois l'an à la Trappe de Tymadeuc. Rares étaient ceux qui le connaissaient vraiment. Son nom même posait problème : patronyme ? ou commode surnom de service ?

Officiellement, il était M. le directeur de la section locale du M.A.C., une sorte de gestionnaire aux horaires réguliers (9-12, 14-18), chargé de coordonner les activités des comités de quartiers. Seuls quelques initiés savaient qu'il constituait l'antenne à Brest de la police politique, et à ce titre ne relevait que de Chopinet. On ignorait à peu près tout des hommes qu'il utilisait et qui n'émargeaient à aucun budget avoué. Mais Bodart, qui le redoutait, avait pu constater neuf mois plus tôt, au moment des dernières grandes purges, l'impressionnante efficacité de ses méthodes.

« Je suis heureux d'avoir pu provoquer cette rencontre, dit Hamel. Les rebondissements des dernières heures requéraient une concertation urgente. »

Il avait saisi les deux revers de son veston, les pouces en dessous, les autres doigts étalés sur l'étoffe.

« Où en êtes-vous, monsieur le commissaire ? »

Bodart toussota.

« Le Portugais n'a guère varié dans ses déclarations. Il reconnaît avoir été payé pour suivre Fontange, mais affirme qu'il ignorait tout, et des buts de sa mission et de l'individu qui l'aurait engagé. Il nous a fourni certains éléments précis sur les circonstances de sa rencontre avec ce dernier — éléments qui se sont avérés exacts.

— Mais il s'entête à nier toute participation à l'assassinat ?

— Oui. Mais n'ayez crainte, il parlera !

— Je n'en doute pas, monsieur le commissaire, je n'en doute pas... »

Les deux index d'Hamel battaient symétriquement.

« Combien de temps vous accordez-vous pour l'amener à résipiscence ? »

Bodart gonfla les joues :

« Difficile à dire. Il paraît mieux armé qu'on ne le prévoyait. Le juge Patoiseau m'a promis de prolonger la garde à vue aussi longtemps que nécessaire.

— L'ennui, dit Hamel, c'est que nous ne pouvons plus guère attendre. »

Il consulta du regard M. Jean, toujours immobile, baissa la voix :

« J'ai eu M. le ministre de l'Intérieur en personne au bout du fil il y a moins d'une heure. Il m'a exprimé la volonté du gouvernement que soit mis un terme à cette situation qui empoisonne littéralement le climat national. »

Il se renversa contre le dossier, s'éclaircit la gorge :

« Je ne vous apprendrai rien en vous disant que l'affaire Fontange a depuis longtemps dépassé le cadre brestois : elle est devenue un peu la pierre de touche du régime, un test de sa capacité à éliminer ses scories. De sorte qu'il n'est pas excessif d'avancer que la nation entière a les yeux sur nous et nous juge, autant dans ce que nous faisons que dans ce que nous ne faisons pas ! »

Les mains avaient abandonné les revers et pianotaient sur le sous-main, où elles semblaient remuer des fiches. Hamel possédait un organe de bronze dont il jouait avec un art consommé. Cet ancien doyen de faculté avait gardé de son enseignement le goût des énoncés méthodiques, aux constructions rigoureuses. Rien de moins spontané que son discours. L'élocution d'Hamel immanquablement levait des souvenirs. On se disait en l'écoutant : « Il singe quelqu'un, mais qui ? », sans qu'on pût décider si cela tenait au très furtif zozotement, à sa façon d'abaisser les commissures des lèvres, puis tout de go de les avancer en un cul-de-poule distingué, ou au très léger claquement de langue dont il ponctuait chacune de ses périodes nettes et sèches.

« Mais il y a plus grave, continuait Hamel. Cette double exécution survient à une période où toute une série d'indices font craindre une résurgence des mouvements révolutionnaires. La bête, hélas ! n'est pas morte ! J'attire une fois encore votre attention sur la nationalité du prévenu et sur ses antécédents : sa présence à l'Ile-Longue au moment des sabotages. J'ai le racisme en horreur ! Mais les faits, convenez-en, donnent quelque crédit à la thèse de ceux qui pensent que la résistance au régime recrute ses agents parmi les asociaux immigrés. »

Bodart voyait très bien ce qui sous-tendait les propos du maire. Depuis plusieurs mois était à la signature sur le bureau du ministre Bicêtre un arrêté d'expulsion contre ceux que la presse baptisait couramment les « métèques ». La mesure ne serait pas impopulaire : elle réveillerait de trop vieux démons ! Et elle tomberait à une heure où le chômage était tel qu'on se disputait les besognes hier jugées dégradantes.

Bodart savait aussi que le projet achoppait à de sérieuses difficultés. Plusieurs redoutaient les représailles qu'une pareille décision risquait d'entraîner. Or si le régime de Chopinet avait su se ménager de robustes appuis extérieurs, l'économie nationale demeurait très tributaire de ses fournisseurs traditionnels. Les forages en mer d'Iroise piétinaient, le fameux succédané nucléaire n'avait pas dépassé le stade des balbutiements. Longtemps encore, le pays aurait besoin du pétrole arabe.

Il n'en restait pas moins qu'en cette fin d'année 198. la tendance jusqu'au-boutiste avait le vent en poupe. C'était ce courant que le maire Hamel représentait ce soir.

« Vous concevez donc, poursuivait-il, l'importance de cette arrestation. Nous tenons l'un des maillons de la chaîne ! Si Pereira appartient à une organisation terroriste (qu'elle s'affuble de régionalisme ne change rien à l'affaire) — organisation spécialisée dans la liquidation des soutiens au régime, ses aveux sont essentiels. Aux grands maux les grands remèdes ! Nous nous devons de porter le fer dans la plaie, sans tergiverser ! »

Il se tut pour reprendre souffle et tapota avec son mouchoir le coin de ses lèvres, où une mousse de salive s'était déposée.

Bodart avait cru subodorer dans la dernière phrase du maire une critique à son endroit. Un reste de respect humain lui fit pointer le menton :

« Est-ce que l'on douterait à Paris de notre résolution ?

— Aucunement, monsieur le commissaire. C'est une question, purement technique, d'efficacité et de coordination. On estime profitable, au gouvernement, que s'opère une véritable symbiose entre ceux qui ont la difficile mission d'assurer la sécurité de l'État. Et d'abord à l'échelon local. »

Il s'arrêta, dit doucement :

« M. Jean a souhaité poser lui-même quelques questions au prévenu. »

Bodart roula des pupilles, fit : « Pop ! pop ! pop ! Dans les locaux du M.A.C. ? »

M. Jean qu'il interrogeait hocha la tête d'un air navré, sans décroiser les bras.

« Bien entendu, dit Hamel. Y voyez-vous un inconvénient ? »

Bodart perdait pied. Il hésita, se mit debout, se disant : « Je suis en train de faire la plus belle connerie de ma carrière, mais tant pis, il ne faut pas qu'ils me prennent pour un paillasson ! »

« Je ne peux considérer cela que comme une marque de désaveu. Si l'on estime devoir me dessaisir de l'affaire...

— Personne, coupa Hamel, ne songe à vous en dessaisir ! Nous dirons qu'il s'agit d'un simple prêt.

— Dans ce cas, j'exige qu'on m'en donne quitus.

— J'ai moi-même signé la décharge, intervint M. Jean. Elle est parvenue à vos bureaux. »

Il eut son mince sourire embarrassé :

« Vous avez, monsieur le commissaire, des collaborateurs bien zélés ! Votre adjoint ne se montre pas très coopératif !

— Un coup de fil de vous-même lui ôterait sans doute ses scrupules ? » suggéra Hamel.

Bodart osa persifler :

« Vous n'avez pas perdu de temps !

— C'est que nous n'en avons pas à perdre, dit Hamel, très affable. Asseyez-vous donc, mon cher commissaire... »

Et Bodart baissa pavillon et s'assit.

« Encore une fois, il n'est pas question de rogner si peu que ce soit de vos responsabilités. »

Il ouvrit une boîte de havanes, la tendit à ses interlocuteurs, sans succès. Il cueillit un cigare, le fit craquer entre ses doigts, l'humecta, le chauffa à la flamme d'un briquet, l'alluma.

« Puis-je compter sur votre collaboration, monsieur le commissaire ? »

Bodart soupira : « Je vais téléphoner à Rault.

— Ne vous dérangez pas », dit Hamel.

Il se leva, vint déposer l'appareil sur les genoux de Bodart. Celui-ci détacha le combiné, en se demandant comment il allait présenter la chose à Rault. A sa gauche, M. Jean avait saisi un tube de Vicks et inhalait par les narines. Leurs regards se croisèrent.

« Un gros rhume, s'excusa M. Jean. Je devrais être au lit avec une bouillotte ! »

« Et moi donc ! pensa Bodart. Saleté de métier, c'est la merde qui commence bon Dieu ! que je n'aime pas ça ! »

Il forma le numéro.

30 décembre. Nuit.

Une patrouille d'agents cyclistes gravit lentement la rue Jean-Jaurès, entre les hautes façades aveugles, engluées dans la nuit. Surgi de la mer, un vent teigneux remonte ventre à terre la rue de Siam, malmenant les guirlandes, dont les ampoules se choquent avec des claquements d'osselets. La ville est comme morte, tous ses lampions éteints. Quai de la Douane, Mariette fait le pied de grue entre deux assauts. Le géant Gadona, dans la salle de garde du M.A.C., repose le téléphone, les doigts tremblants, des larmes à ses paupières, disant :

« Merci, mon Dieu ! »

Trois des policiers de veille, rue Colbert, tuent le temps en cancanant sur le Grand Chef et ses humeurs de plus en plus tyranniques :

« C'est sa maladie, affirme Madec. L'anus, paraît qu'il y a pas plus douloureux...

— Ben mon colon ! » gouaille finement le petit Lapointe.

Mais son calembour se casse le nez : la science anatomique des collègues ne remonte pas si haut. Dans son deux-pièces-cuisine de la rue d'Aquitaine, Mme veuve Lagadec masse sa poitrine fanée. Cela fait plusieurs nuits d'affilée que ses palpitations l'empêchent de dormir. « Je ne suis pas sérieuse ! Demain, c'est juré, je consulte un spécialiste. » Le commissaire principal Bodart reste de glace sous les caresses de son épouse. Ignorant le corps chaud, épicé d'une légère sueur, il fait résolument le mort, « birinic » renfrogné, joyeuses en berne.

« Pop, pop, pop, madame Bodart ! Il est bien tard ! »

Il dit : madame Bodart comme au Grand Siècle. Elle lui tourne le derrière, ricanant, Gros-Dard, il a bien volé son titre ! Elle s'endort en rêvant à Limonetti, l'entrepreneur entreprenant. Étendu dans sa bannette, le quartier-maître Batany, chauffeur de l'amiral, pleurniche sur son réveillon fichu. Quelques heures plus tôt, la note de service lui est tombée dessus : *L'Amiral préfet maritime, désirant honorer de sa présence la grande réception offerte à l'occasion...* Saloperie de saloperie ! Des heures à faire le guignol à la porte du cercle naval, tandis que les copains, eux, guincheront... Aussitôt après avoir quitté le maire, M. Jean s'est couché, la conscience en repos. Un cauchemar le réveille bientôt en sursaut, un rêve infâme où il s'est vu poursuivant un troupeau de vierges aux culs frémissants de cavales. Il allume la lampe de chevet, glisse hors des draps ses maigres jambes glabres, s'aperçoit dans la glace de l'armoire en situation d'épectase manifeste. Ruses du Malin ! Il s'en va passer sous le robinet d'eau glacée, dans le cabinet de toilette, le *corpus delicti*. Revient calmé. Il n'a plus sommeil. Il songe à se rhabiller, à faire un saut jusqu'au siège. Mais non, il n'y sera pas utile : le Portugais est en très bonnes mains. Et il vaut mieux qu'il garde son rhume au chaud. Il saisit l'inhalateur de poche, s'emplit de menthol les fosses nasales. Puis il cueille dans la bibliothèque les *Mélanges spirituels* du père Lemonnier, O.P. et se remet au lit.

Dehors, tous les clochers de la ville se renvoient l'heure. Leurs trois notes résonnent comme un glas.

30 décembre, 3 heures du matin.

Le 8 *bis* de la rue Kéréon, où le M.A.C. a installé son siège régional, est un immeuble étroit de quatre étages et un rez-de-chaussée à usage commercial. La maison ne paie pas de mine, avec ses murs gris dont le crépi se décolle par larges plaques, sa gouttière bringuebalante et ses fenêtres aux volets noircis et toujours clos. Tout le quartier de Saint-Louis se souvient encore de l'incendie qui a ravagé les étages, il y a quelques années, dans des circonstances demeurées confuses. Depuis, ces locaux restent inoccupés, parce que le propriétaire, engagé dans un interminable procès en recherche de responsabilité, se refuse à toute réfection. Seul le rez-de-chaussée a été épargné par les flammes, mais déjà à l'époque du sinistre, il était sans locataires. Il existe ainsi des endroits marqués : tour à tour un maître-fromager, un teinturier et un moniteur d'auto-école s'y sont brisé les dents. Sans doute la situation de cette partie de la ville y est-elle pour quelque chose, car bien que se trouvant en plein centre, la rue est peu passante.

C'est tout cela qui a séduit M. Jean. Dès son arrivée à Brest, il a loué le rez-de-chaussée et y a installé ses bureaux. Il a également aménagé trois des caves. Il a remplacé les portes à claire-voie par de lourds vantaux de chêne et fait murer de briques les soupiraux, la seule aération étant dorénavant assurée par l'exigu couloir central. Une de ces caves sert de salle de travail, les deux autres de cellules.

Dans la journée, le 8 *bis* montre une certaine activité. M. Jean y vient régulièrement ; il y reçoit les chefs de quartiers, y met ses listes à jour. Il dispose d'une dactylo qui lui tape ses rapports et de deux permanents, qui se relaient pour assurer la bonne marche du centre de contrôle. Vers dix-huit heures la plupart des lumières s'éteignent. Seul un des permanents reste sur place jusqu'à vingt-trois heures, moment où Gadona, le gardien de nuit, prend le relais.

La pièce où Müller et Lecoin, les deux agents du M.A.C., opèrent cette nuit est éclairée par un gros tube en néon. Pas le moindre mobilier, si ce n'est un tabouret et un pupitre d'écolier en bois verni sur lequel on a posé une portative Olivetti. Un lavabo en inox à deux bacs occupe un des angles. Les murs nus ont été ripolinés en vert bouteille par un des précédents locataires. On y remarque encore des traînées plus claires aux endroits anciennement occupés par les rayonnages sur lesquels le fromager faisait mûrir ses pâtes tendres.

Le cas de Pereira, apparemment, est un cas simple. En règle générale, les métèques constituent le matériau de rêve, étant donné qu'avec eux les risques de complications sont quasiment nuls. Pas de relations ni de protections, un minimum d'existence légale : ça va, ça vient, ça disparaît, sans que personne songe à s'en inquiéter. C'est bien pourquoi le chef n'a pas jugé utile d'appliquer au Portugais l'appareillage sophistiqué qui extrait l'aveu sans laisser de traces. On y recourra dans un deuxième temps, si nécessaire. Mais auparavant on pratique les bonnes vieilles méthodes naturelles, pour lesquelles d'ailleurs le chef marque une secrète prédilection.

Lecoin et Müller ont débarqué dans la soirée, venant de la centrale de Rennes, où depuis des mois ils s'embêtaient, car le pays est calme, au point qu'ils commençaient à perdre la main. Lecoin est un récupéré, une petite frappe qui moisissait à la maison d'arrêt de Lille, jusqu'à ce qu'on lui ait proposé ce moyen de servir son pays. On le tient par tout un réseau complexe de menaces et de chantage. Mais est-ce bien utile ? Il est royalement rétribué, et il aime ce boulot, il a été créé et mis au monde pour ça : cogner et faire mal.

Pour Müller, c'est différent. Cet ex-moniteur de la Mitidja a eu sa femme et son bébé éventrés par les fellaghas en 57. Depuis il se venge. Il s'est battu aux côtés de l'O.A.S., il a été de toutes les milices musclées, de toutes les ratonnades. La vue d'une peau un peu ambrée le met en transe. C'est un agent sur qui on peut compter, car il a la foi.

Cela fait trois heures qu'ils sont sur le Portugais. Manoel déjà n'a plus de visage. Nez écrasé, lèvres déchirées, plusieurs dents cassées, quand il entrouvre la bouche, on aperçoit dans une bouillie de sang son râtelier qui ballotte, fendu en deux. Il est nu, la cave est glaciale, et pourtant le corps maigre est poisseux de sueur.

Müller et Lecoin abattent un travail énorme. Ils l'ont pris en sandwich et se le renvoient, méthodiquement.

« Avoue ! »

Les poings explosent avec un bruit mat. Manoel zigzague, vacille, tourne sur lui comme une toupie. Avant qu'il ne s'affale, un autre direct le cueille, le remet debout. Parfois, la propulsion est trop puissante : le corps va heurter la muraille, s'écroule. Müller aussitôt se charge de le redresser en lui bourrant les côtes de ses godasses ferrées, et le hisse par les cheveux, des cheveux très fins, presque crépus, des cheveux de nègre.

« Avoue ! »

Lecoin vise surtout les parties. Il adore ce contact mou et soyeux sous ses doigts. Quelquefois il lui agrippe le sexe à pleine main, et il tord. Dans ces moments-là, il a une expression presque extatique.

« Avoue ! »

Le ciment du sol, le bas des murs sont maculés de sang, d'eau, de morve. Pereira reste silencieux. Au début il a crié ; ses hurlements ricochaient contre les murs lisses. Il ne crie plus, il se contente d'émettre une plainte ridicule, chaque fois qu'un poing s'écrase. Il est une machine à encaisser, une cible de chair geignante. L'arête vive du dentier lui laboure le palais.

« Avoue, charogne ! »
Il entend à peine les insultes de ses tortionnaires. Il les entrevoit dans une brume rouge, si calmes, si appliqués, lâchant leurs « han ! » réguliers, comme de bons bûcherons.
« Avoue, vieille salope ! »
Deux fois, déjà, il s'est évanoui. Ils l'ont aussitôt réveillé en l'arrosant au moyen d'un grand seau en plastique jaune, qu'ils ont rempli au lavabo. Et ils ont remis ça.
Müller soudain grince :
« Fumier ! »
Il vient de se retourner l'index. Il attend que son collègue lui renvoie la balle et, de toutes ses forces, il projette le genou, en visant l'entrejambe. Manoel laisse échapper un couinement grêle et s'aplatit sur place, comme une poupée de son qui se vide. Il reste immobile.
Lecoin essuie son front humide d'un revers de la main.
« Fais gaffe ! Le chef veut un coupable, pas un mort ! »
Müller étire son index, et ricane :
« Pas de danger ! »
Depuis le temps qu'il travaille la pâte humaine, Müller, il sait qu'il en faut plus pour crever un gars, et il connaît bien ce gabarit d'homme, sec et fluet. Ça ne présente pas, et pourtant c'est parmi les plus résistants. Il se rappelle un petit Kabyle, au début de la bataille d'Alger...
« Dommage, dit Lecoin, qu'il ait pas une gonzesse. »
Il a attrapé le seau en plastique et le remplit sous le robinet.
« Je te jure qu'il aurait déjà mis les pouces ! J'en ai connu un, quand je fonctionnais à Amiens, une bourrique dans son genre, un Rital. Alors on a amené sa femme et on l'a baisée devant lui, à tour

de rôle, moi et le collègue. Le salaud ! ça lui suffisait pas, il jetait pas encore l'éponge ! Bon, tu sais ce qu'on a fait ?

— Ça va, dit Müller, je la connais par cœur. »

Il arrache le seau des mains de Lecoin et le vide sur la figure du Portugais. Manoel a un sursaut. Ses paupières frémissent, se séparent imperceptiblement. Est-ce qu'il distingue le visage penché sur lui ? Müller s'est assis à cheval sur le ventre de sa victime. Il lui serre la gorge :

« Maintenant, hein, tu vas parler ? »

Les paupières battent, se décollent, les yeux sanguinolents semblent vouloir sortir des orbites. Des sons inaudibles coulent des lèvres déformées.

« Tu dis ? »

Müller approche l'oreille, cueille des mots hachés :

« Non... j'ai pas... pas tué... »

La tête pivote, les yeux se referment, il rentre dans la nuit.

« La vache ! dit Müller. Il repique au truc ! »

Il se lève, se sent soudain les jambes lourdes. Il y a souvent un moment dans son travail où il cède un peu au découragement. Mais ça ne dure guère. Il se secoue. Trois heures vingt déjà ! Il faut qu'il parle. Sinon le chef passera le relais à l'équipe technique, et adieu la prime !

Il reprend le seau, rouvre le robinet. Adossé au mur, Lecoin croque à belles dents un sandwich au cervelas.

30 décembre, vers 6 heures.

La cloche de São-Pedro inlassablement carillonne. Sur les longues barques enluminées les hommes se sont agenouillés. Les fanions verts et rouges claquent au vent tiède qui fait papilloter le damier or et argent de la mer. Le prêtre à la chevelure de neige s'est arrêté. Des coquillages microscopiques scintillent sur ses chaussures. Il élève le bras et bénit les quatre points cardinaux. La brise disperse le latin des prières, parmi des parfums d'encens, de sel, d'amandes chaudes.

Manoel court le long de la vague. En le voyant passer, les fillettes ont des sourires moqueurs. Elles sont comme des poupées, avec leurs robes de dentelle juponnées. Mais Manoel ne leur accorde pas un regard. Il n'a d'yeux que pour les fiers oiseaux frémissants qui dansent sur la houle. Il porte un costume de marin tout neuf, dont le col clapote sur ses épaules.

« Manoel ? »

C'est sa mère qui l'appelle. Elle a remarqué sa fugue et s'inquiète : elle n'aime pas le voir rôder trop près de l'eau. Elle ne se trompe pas, Manoel voudrait bien monter sur l'une de ces barques effilées rongeant leurs amarres. Son frère Fernando y est, lui, mais Manoel est trop petit.

Il se retourne, essoufflé et boudeur :

« Oui, maman. »

Il la cherche dans la foule immobile qui remplit la plage. Il ne l'aperçoit pas. Et soudain il a très peur. Une angoisse de mort. La nuit d'un coup s'est abattue sur la grève. La cloche de São-Pedro s'est figée. Des ombres, éperdues, courent en silence vers le village. Pourquoi fuient-elles ?

Manoel voudrait aussi s'en aller, retrouver la minuscule maison blanche au flanc de la colline. Ses jambes ne le portent plus. Le froid le paralyse. Il s'agite, il crie :

« Au secours ! »

Il est tombé. Sous ses mains le sable est rigide et glacé comme du roc. Il ne peut même plus bouger :

c'est comme si dans sa chute tous ses os s'étaient brisés.

La nuit, le silence... Quelqu'un s'amuse à peser sur ses paupières. Manoel essaie de se débattre, il se dit, il faut que je le voie... Mais ses paupières ne lui obéissent plus. Il songe avec terreur : je suis peut-être aveugle ? Ils m'ont crevé les yeux !

« Ils » ? Oui, ils sont deux. Il les distingue maintenant. Pourquoi ont-ils un visage si sérieux ? Il préférerait qu'ils soient en colère. Quelque chose éclate, régulièrement, martelle son cerveau. Un mot bizarre, effrayant :

« Avoue... avoue... »

Non ! dit Manoel. Non ! Un autre bruit à présent déchire ses tympans. Tap, tap, tap, tap... Qu'est-ce que c'est ? On lui tend un papier, on prend sa main :

« On va t'aider, gars. Rien que ton nom : Manoel Pereira... »

Ils sourient, enfin :

« Tu vois, comme c'est facile... »

Manoel pousse un cri. Qu'est-ce qu'il a signé ? Au secours ! Ce n'est pas moi ! Je ne l'ai pas tué ! Il grelotte, il est nu, sa respiration siffle en raclant sa gorge.

Ils vont revenir, ils l'ont dit :

« On te laisse te reposer, et réfléchir. Voilà que tu deviens raisonnable. Tu diras tout ! »

Ils veulent davantage, toujours davantage !

« On a le temps. On continuera comme ça des heures s'il le faut... des jours. Tu es seul, Manoel, seul, seul ! »

La nuit. Une serrure a grincé. Ils sont là ! Pourquoi n'allument-ils pas ? Je ne veux pas ! J'ai trop mal... Une très faible lumière court sur ses paupières. La tiédeur d'une torche. Ils se sont penchés. Pitié ! Des larmes brûlent ses pupilles. Une voix grave, caressante a murmuré quelque chose. Qu'est-ce qu'elle a dit ?

« Le pauvre type... Dans quel état... »

Un bras avec précaution se glisse sous son épaule, on lui soutient la tête. J'ai mal ! On appuie un verre contre sa lèvre. L'eau coule, gargouille, rejaillit sur son menton, le long de son cou.

« Bois. »

Manoel élève la main, s'accroche à un bras qui ne se dérobe pas. Des débris de mots tombent de sa bouche meurtrie.

« Je ne comprends pas, dit la voix.

— Dites...

— Oui ? »

Manoel est maintenant très lucide. Il s'applique, insensible à la douleur :

« Il faut... il faut voir le père Jaouen... pour moi... Tout de suite... »

Un silence. Non, il n'est pas reparti, le bras chaud toujours maintient son épaule.

« Je lui dirai quoi ? » demande la voix pitoyable.

A nouveau le verre cherche ses lèvres :

« Bois. »

Manoel se débat, brutalement saisi d'angoisse. L'eau inonde son visage.

« Dites-lui... que Manoel n'a rien fait, dites-lui... Promettez-moi...

— Oui, dit la voix, je te le promets. »

Le bras s'abaisse, le dépose doucement sur le ciment. La porte gémit sur ses gonds. Il est ressorti.

Un grand sentiment de paix a envahi Manoel. Quelqu'un saura... que ce qu'il a signé... Il n'est pas un assassin ! Maria et les enfants n'auront pas honte de lui ! Le père Jaouen... Roulement d'une voiture, des bruits confus tombent de la rue, des pas peut-être sur le trottoir, ou des paroles, ou des rires... Quelle heure est-il ? Il n'y a plus d'heure... « On recommencera... des jours entiers... Tu es seul, Manoel... seul... seul... » Ils vont revenir ! Et le jeu reprendra, l'horrible jeu de quilles, le battement du balancier, avoue, avoue, avoue... Non ! Ce n'est plus possible, son corps n'est qu'une plaie ouverte. Je ne pourrai pas...

La main de Manoel péniblement se décolle du ciment, s'élève, atteint le menton, la bouche. Ses doigts gonflés saisissent l'appareil dentaire cassé par le travers, ils s'y acharnent, réussissent à le détacher. Il l'a au creux de la main. Il éprouve sous son pouce la pointe du crochet toute tordue. Alors il soulève l'autre bras, le maintient à la verticale, et il appuie le crochet sur le poignet, tire, de gauche à droite. Il sent à peine la déchirure. Il recommence, plus haut, plus bas. C'est comme s'il traçait des traits à la plume. Ses doigts sont tout empoissés. Il s'arrête, épuisé, laisse retomber son bras gauche, se détend.

Dehors la cloche d'une église a tinté. Manoel écoute, attendri. La même cloche, la cloche de São-Pedro ! Sans effort, il s'envole, très loin, hors d'atteinte de la nuit. Et de nouveau, c'est le soleil, la grande fête de la mer, la danse des oriflammes, l'immense foule fraternelle. Il prononce avec ferveur les noms de Maria et de sa mère. Les deux visages se recouvrent, se fondent dans un seul sourire tendre. Des larmes mouillent les yeux de Manoel, des larmes de bonheur. Il n'a plus froid, ni peur. Il n'aura plus jamais peur.

Il est six heures cinquante-cinq lorsque Müller et Lecoin réintègrent le 8 *bis* de la rue Kéréon. Ils se sont absentés plus longtemps que prévu, car, ne connaissant pas la ville, ils ont tâtonné avant de dénicher un café ouvert, où ils ont consommé un crème et des croissants rassis.

Ils entrent prendre le trousseau de clefs dans le bureau de la réception. Le grand Gadona qui termine son quart en grillant des gauloises ne dit pas un mot. Ils descendent au sous-sol, déverrouillent la salle de travail, allument, découvrent le corps sans vie. Déjà Lecoin a saisi le seau en plastique, mais Müller qui s'est agenouillé sur le ciment bloque son geste :

« Il est clampsé ! »

Il désigne les coutures au poignet gauche.

Suit un moment de panique. Ils s'injurient mutuellement, en viennent presque aux mains, avant de se résoudre à alerter M. Jean.

Il est là dix minutes plus tard. Il contemple le cadavre, lit le feuillet dactylographié que Manoel a signé, déclare, glacé :

« Vos explications. »

Ils s'exécutent, la queue entre les pattes. Ils allèguent la fatigue, soulignant qu'ils n'ont pas ménagé leur peine depuis qu'ils sont là, disent qu'après avoir obtenu les premiers aveux du Portugais, ils ont estimé sage de lui accorder une pause.

« Il n'était plus en état de répondre utilement à nos questions.

— Ce n'est pas ce que je vous reproche, dit M. Jean. Je vous reproche d'avoir contrevenu aux ordres, lesquels étaient formels : vous n'aviez pas à quitter le prévenu une seconde. Je vous considère donc comme responsables de cet accroc et des conséquences qui pourraient en résulter. »

M. Jean n'est pas en colère. Il ne hausse pas le ton, son visage reflète la même tristesse rêveuse.

« Vous serez avisés d'ici peu de ce que j'ai décidé à votre sujet. Pour le moment, vous demeurez sur place, et vous attendez mes instructions. Naturellement, l'affaire reste strictement confidentielle. Personne, je dis bien : personne parmi nos compagnons ne doit être informé de cet accident. »

Ils quittent la salle de travail. M. Jean cadenasse lui-même la porte, garde la clef. Il s'enferme dans son bureau, où il médite quelques minutes. Puis il en ressort. En passant, il entre à la réception.

« Ça va, Gadona ? Rien à signaler ? »

Le géant rouquin se lève précipitamment, se débarrasse de sa gauloise.

« Rien, chef. La nuit a été très calme. »

Gadona n'a pas l'air dans son assiette. M. Jean note sa mine de papier mâché, se souvient.

« Et votre fils ? »

Gadona, qui contemplait ses chaussures, relève les yeux. M. Jean est frappé par la subite lumière répandue sur la face ravinée.

« Il s'en sortira. Hier, le médecin nous a dit qu'il avait passé le mauvais cap.

— J'en suis heureux pour vous, dit M. Jean.

— Merci, chef. »

M. Jean gagne la porte. Il est sept heures quarante. La nuit est très noire. Une pluie poudreuse tisse une mousseline sale autour des deux lampadaires éclairant la rue déserte. M. Jean monte dans sa Ford Consul qu'il a garée devant l'entrée, démarre aussitôt.

30 décembre, 8 heures.

« C'est à coup sûr regrettable », dit Hamel.

Il étouffe un bâillement sous ses phalanges soignées, s'excuse d'un sourire, resserre les pans de sa robe de chambre en soie violine.

Quand Hamel dit : regrettable, il n'en est pas à s'apitoyer sur cette vie détruite. Et il a bien trop de tact pour s'inquiéter des conditions dans lesquelles l'aveu a été obtenu. Il y a stricte connivence entre les deux hommes. Hamel depuis toujours est fasciné par la personnalité de M. Jean, dont il aime à dire avec une pointe d'envie :

« C'est un saint ! »

Si différents qu'ils soient — M. Jean est consumé par sa foi, alors qu'Hamel croit surtout à son étoile, M. Jean est un ascète, Hamel aime la vie, les maîtresses plantureuses et les soupers fins — ils sacrifient tous deux au même manichéisme sommaire : est bien ce qui aide l'ordre social, est mal ce qui le dessert.

Simplement, Hamel déplore que la mort prématurée du Portugais prive la justice d'informations précieuses : si Pereira a déclaré avoir été payé par le F.R.A. pour exécuter Fontange, il n'a livré le nom d'aucun complice. Et il se préoccupe des retombées.

Ramenée à l'essentiel, la question qui se pose à eux est claire : convient-il de rendre public le suicide du Portugais ? Ils pèsent les avantages et les inconvénients d'une telle divulgation, méthodiquement, avec des minuties de lapidaire. M. Jean estime que l'impact moral en serait considérable. Le forfait recevant le contreseing du sang : n'est-ce pas le geste même de Judas ? Satan aime à rôder dans les cellules. Hamel est réticent. Il rappelle que les suicides carcéraux ont mauvaise réputation : le F.R.A. ne va pas manquer d'enfourcher ce dada. L'opinion, tout endormie qu'elle soit, peut s'émouvoir. Hamel songe particulièrement à ce petit curé de choc qui depuis l'arrestation de Pereira se répand beaucoup (il a dû lui-même lui refuser sa porte). Or le contexte local n'est pas favorable. La présence de l'escadre des États-Unis pour quarante-huit heures encore pose un problème. Plusieurs correspondants de presse d'outre-Atlantique ont débarqué à Brest. On sait de quoi un journaliste américain est capable, dès lors qu'il flaire un papier à sensation! Hamel serait donc partisan de temporiser, de taire momentanément la mort du Portugais, ainsi que ses révélations. Dès que les circonstances le permettront, on annoncera le suicide, ou mieux — pourquoi se priver d'une falsification fructueuse et qui a fait ses preuves? (A ce niveau le mensonge n'existe pas) — on dira que Pereira a été abattu au cours d'une tentative d'évasion.

M. Jean intervient:

« Je pencherais plutôt pour une évasion réussie. »

La formule a des mérites évidents, supprimant entre autres le recours au légiste, qui est trop souvent source de difficultés. Hamel se rallie à cette suggestion. Mais alors que faire du corps?

M. Jean y a déjà songé. Ce soir, avant que le gardien Gadona ne prenne son service (le permanent sera invité à rester chez lui), ses agents transféreront le cadavre directement de la cave au garage, et le feront sortir de la ville. On ne verra plus jamais Manoel Pereira.

Il n'en dit pas plus, et Hamel rengaine sa curiosité. Il déclare qu'il s'occupera en personne de prévenir le procureur et le juge. Ce sont deux hommes sûrs, également portés par la conviction et l'ambition, et tenus par un entrelacs de compromissions dont les commandes sont dans la main même de Bicêtre.

« Et la police? » interroge M. Jean.

C'est le point le plus faible du dispositif. M. Jean redoute la susceptibilité du commissaire principal et le croit par ailleurs assz timoré.

« J'en fais mon affaire, affirme Hamel. Bodart est un patriote! Et il figure au tableau des promouvables au grade de divisionnaire. Lui aussi comprendra. »

Tout en parlant, il échafaude déjà l'argumentation qui désarmera le commissaire. Hamel adore l'intrigue, les grandes combinaisons souterraines. Il eût fait une brillante carrière sous les Sforza.

Ils se séparent. M. Jean va essayer d'attraper une messe à Saint-Louis, de se recueillir dans le coin le plus obscur de l'église. « Mon Dieu, je ne suis qu'un pêcheur indigne, mais ce que je fais, Tu le sais, mon Dieu, c'est pour Ta gloire... »

Resté seul, Hamel bâille sans retenue. Sa nuit a été courte, et il a trop bu, trop fumé le cigare. Il va à la fenêtre, écarte les doubles rideaux. Le jour pointe un nez timide. Il pleut, naturellement. C'est comme une poussière impalpable qui tombe. Une voiture remonte lentement de la place du Château. Ses pneus grésillent sur l'asphalte.

Un froissement d'étoffe derrière lui. Hamel se retourne, aperçoit sa petite fille, toute blonde et rose dans sa chemise de nuit à fleurettes pervenche.

« Qu'est-ce que tu fais ici, Valériane ? Il est beaucoup trop tôt ! »

Il l'enlève dans ses bras, s'imprègne de son parfum acide, écoute quelques instants son gazouillis. Puis il la renvoie à sa chambre. Huit heures vingt. Hamel pousse un gros soupir, il s'assoit à son bureau, décroche le téléphone.

30 décembre, 9 h 10.

Bodart, jusqu'à ce jour, n'avait jamais vu son adjoint dans un tel état. La colère de Rault était impressionnante, une colère rentrée, maîtrisée, qui lui faisait les joues blanches. Il saisit le feuillet sur lequel les doigts de Manoel avaient griffonné un « Pereira » enfantin, dont l'encre paraissait délavée par les larmes. Le papier tremblait dans sa main :

« Comment voulez-vous que j'accorde le moindre crédit à ça ! On lui a imposé un texte qui n'était qu'une hypothèse de travail, hypothèse dont j'étais l'auteur, et à quoi je ne crois même plus ! On s'en est servi pour lui arracher une signature ! L'imposture est flagrante. Et c'est moi directement qui en suis responsable !

— Si vous croyez que je songe à pavoiser », dit Bodart.

Il remua sur son siège, la face traversée de tics. La douleur à nouveau plantait dans sa chair ses aiguilles de feu : la fatigue, l'insomnie, tous ces pépins qui lui tombaient dessus...

« Je déteste l'orientation donnée à cette affaire, comme vous, et de A à Z. Je ne l'ai pas caché à Hamel. Mais qu'y pouvions-nous ? Reconnaissez que les circonstances ne sont pas ordinaires. »

Rault avait sorti l'un de ses éternels Pantella, mais il oubliait de l'allumer, le faisait défiler à toute vitesse entre ses phalanges.

« Il y a une manière de baisser culotte qui me révulse ! dit-il. Aucune circonstance ne saurait nous obliger à nous aplatir devant les gens du M.A.C. ! Je n'ai pas du tout aimé la façon dont on m'a forcé à livrer le Portugais à cette petite gouape...

Ça, c'est pour moi, je suppose ? »

Rault haussa les épaules, ne dit ni oui ni non, continua de rouler le cigarillo entre ses doigts. Bodart mit son fiel en réserve pour des jours meilleurs.

« Je vous comprends, Rault. Mais je puis vous dire une chose. J'ai vu Hamel très très contrarié. Croyez-moi : la leçon sera utile. Bon gré mal gré le M.A.C. devra mettre de l'eau dans son vin. En fait, la balle est revenue dans notre camp, et Hamel ne m'a pas caché qu'il souhaitait qu'elle y reste.

— C'est peut-être un peu tard, dit Rault sombrement. Le Portugais nous ouvrait une piste intéressante. Je devais ce matin même le confronter avec Chabert. C'est fini, par le fait de quelques imbéciles doublés d'assassins... »

Bodart eut un regard inquiet en direction de la porte.

« Personne, et surtout pas le M.A.C. n'avait intérêt à la disparition de Pereira.

— Le Pereira que j'ai laissé partir hier soir était bien vivant ! martela Rault. Qu'on l'ait supprimé ou qu'on l'ait conduit au suicide, c'est du pareil au même ! Et voyez-vous, le plus lamentable c'est qu'il sera mort pour rien... »

Il cassa rageusement le cigarillo, propulsa les deux cylindres dans le cendrier :

« Parce que le pauvre gars était sans doute pleinement innocent ! »

TROISIÈME PARTIE

«*Après le tir au bazooka d'Orly Palestiniens et Croates revendiquent l'attentat.*»

(Les journaux - Janvier 1975)

30 décembre, 9 h 20.

Chabert replia *L'Éclair du Ponant*, ratissa machinalement de l'arête de la main la toile cirée où traînaient les miettes du petit déjeuner. Le journal relatait en long et en large l'arrestation mouvementée du Portugais en gare de Brest. Il rapportait ses premières déclarations au sujet de l'inconnu rencontré au port de commerce et qui l'aurait payé pour prendre Fontange en filature. On reproduisait le signalement de l'homme, tel que Pereira l'avait fourni, mais le ton de l'article était très sceptique. Le journaliste écrivait : *Vérité ou simple affabulation ? La silhouette décrite par le suspect, dans sa banalité, semble beaucoup plus relever du roman-feuilleton que de la réalité.*

Chabert se leva, mit le bol et le couvert dans l'évier, fit couler de l'eau. Il se demanda s'il n'avait pas été imprudent de garder l'imperméable et la casquette qu'il portait ce samedi matin quand il avait abordé Pereira. Ils se trouvaient toujours dans sa garde-robe, et la paire de lunettes n'avait pas quitté la boîte à gants de la voiture. Il songea à en faire un paquet et à s'en débarrasser dans quelque dépotoir. Puis il se dit que le risque en était trop important : Rault depuis quelque temps ne se manifestait plus guère, mais Jef n'était pas certain que la police eût renoncé à le surveiller. Bah! Supposé qu'on lui demande des comptes, la découverte de ces pièces chez lui ne prouverait rien. *L'Éclair* lui-même le laissait entendre : qui parmi les Brestois ne possédait un imper pour la pluie, une coiffure pour le vent, des lunettes pour rêver au soleil ? Le bulletin de radio régionale qu'il avait écouté au lit à sept heures trente ne lui avait apporté aucun élément nouveau : « Pereira continue à être interrogé activement. » Preuve qu'il n'avait rien dit d'autre à son sujet. Parce qu'il n'avait rien à dire. « Il ne me connaît pas ! »

Il finit de desservir la table, puis il renouvela l'eau et les graines des deux canaris. Il ne parvenait pas à partager les appréhensions de Maud. La veille, quand il avait dîné chez elle, il n'avait été question que de Manoel. Ils ne s'étaient pas disputé, mais l'atmosphère n'avait pas été des plus sereines. Comme par ailleurs la jeune femme alléguait un mal de tête tenace, il avait renoncé à passer la nuit avec elle, et elle ne l'avait pas retenu. Maud en fait n'avait jamais cessé de penser au Portugais. Elle le lui avait rappelé hier :

« Je t'avais dit que le danger viendrait de lui ! »

Quel danger ? Il en repoussait l'idée, enrageait de constater que l'événement semblait apporter de l'eau au moulin de sa femme. Chabert, lui, avait pratiquement éliminé Manoel de ses pensées, après avoir décidé qu'il avait disparu à jamais.

« Politique d'autruche », avait maintes fois estimé Maud.

Mais qu'y pouvait-il ? Même à présent, il ne s'avouait pas inquiet. Agacé, oui ; contrarié, certes, mais pourquoi aurait-il eu peur ?

« Ils vont rechercher ce type dont il a parlé. Imagine qu'ils établissent un rapprochement avec toi...

— Pourquoi le feraient-ils ? »

Dialogue de sourds, qui, insidieusement, finissait par l'ébranler, la meilleure preuve en étant qu'il avait épluché le journal ce matin et qu'il n'avait pas manqué un flash de radio.

Il ralluma le transistor, tomba sur la scie du jour : *Blue Paradise*. Il laissa la porte de la cuisine ouverte, entra dans la salle d'eau, se rasa mal : sa peau, récalcitrante, se dérobait sous les couteaux émoussés de son Philips. Puis, en se débroussaillant les cheveux, il cassa le peigne. Nerveux lui aussi ? Il savait bien ce qui l'empoisonnait : c'était qu'il se fût claquemuré dans un système stupide où il tournait en rond, comme un canard au fond de sa caisse à claire-voie. Ç'aurait été si simple, si dès le début, il avait étalé son jeu devant la police : la mission de Fabienne, l'entretien avec le Portugais, et même son retour à la villa, toutes choses claires, parfaitement régulières. Il n'y avait pas là de quoi chatouiller la queue d'un flic ! Qu'est-ce qui lui avait pris ? De la part de Maud, cela se comprenait bien : à l'époque elle s'imaginait qu'il avait trempé dans le coup. Mais de sa part à lui ? Il s'était comporté en minet imbécile, et depuis il traînait ça après lui, comme un toutou sa casserole. A cause de lui Manoel...

Il jeta dans un tiroir le morceau de peigne, se vaporisa la chevelure avec une laque parfumée. Manoel... Oui, bien sûr que Jef était embêté pour lui, il n'était pas une brute, il savait que le pauvre bougre avait de sérieux ennuis. Il chassa aussitôt cette pensée corrosive, se replia sur lui-même. Qu'il se dépatouille ! Jef n'était pas comptable de son sort. En acceptant librement sa proposition, le Portugais avait pris ses responsabilités. D'ailleurs, qu'est-ce qu'il avait à craindre ? Pas un esprit sain pour soutenir que Pereira était inféodé au F.R.A. ! Il l'avait dit cent fois à Maud, il le croyait, il s'obligeait à le croire, farouchement.

La sonnette émit son appel rouillé. Chabert reposa le vaporisateur sur la console. Il n'attendait personne. Un fournisseur ? Oui, ça devait être cela. Il se rappelait avoir commandé une caisse de bourgogne à un négociant de la rue Inkermann ; on venait la livrer, sans doute.

Il entra dans la véranda, ouvrit. L'homme qui se tenait sur la dernière marche de l'escalier du jardin lui était inconnu. Jeune, solidement planté sur ses jambes fortes, une face colorée au dessin empâté, des yeux verts limpides. La pluie avait laissé un semis de perles dans ses cheveux blonds taillés court. Il portait un pantalon de velours noir, une sorte de blouson de lainage, également noir, un pull anthracite à col roulé.

« Monsieur Chabert ?

— Oui, c'est moi.

— Jaouen. »

Il compléta aussitôt :

« Abbé Jaouen. Je suis venu vous voir au sujet de Manoel Pereira. »

Le nom atteignit Chabert comme une balle. Dans la même seconde il remarquait la petite croix métallique fixée à la poche du blouson, songeait, ça y est, je suis dans le bain, et rétorquait :

« Qui est Pereira ? »

Jaouen fronça les sourcils :

« Le Portugais qu'on a arrêté hier après-midi. Il était l'un des pensionnaires du Foyer que j'anime.

— Et en quoi voulez-vous que ça m'intéresse. »

Il se reprocha sa réaction grossière, il se radoucit :

« Bien, vous pouvez entrer. »

Ils s'arrêtèrent au milieu de la cuisine. Chabert

éteignit le transistor, négligea de proposer un siège à son visiteur.

« Je vous écoute. De quoi s'agit-il ?

— De la vie ou de la mort d'un homme, dit Jaouen. Depuis hier soir, Manoel est interrogé au siège du M.A.C. Il a été torturé toute la nuit. On s'obstine à vouloir lui faire avouer un acte qu'il n'a pas commis. »

Il avait une voix fluette, assez ridicule, tranchant avec sa stature massive. Chabert se demandait toujours où il voulait en venir. Prudemment, il remarqua :

« Vous semblez bien informé !

— Un homme a vu Manoel dans les locaux du M.A.C., au sortir d'un interrogatoire. Dans un état pitoyable. Cet homme m'a parlé, ce matin après sa messe. Terrorisé par ce qu'il osait faire ! Mais il a eu ce courage, oui, je crois qu'il libérait sa conscience. Je l'ai entendu au confessionnal, mais ce n'était pas une confession : c'était un véritable appel au secours que Manoel poussait par sa voix. »

Chabert continuait de sonder le lourd visage rougeaud, soucieux de ne pas se découvrir par une question maladroite.

« Je comprends l'intérêt que vous portez à votre protégé. Mais j'ai bien peur que vous ne vous soyez trompé de porte. Pourquoi ne pas vous adresser aux services responsables ? »

Jaouen secoua la tête :

« Vous pensez bien que j'ai commencé par là ! Il y a une heure je me faisais éconduire, au siège du M.A.C., rue Kéréon : « Le prévenu est au secret. » Même refrain au commissariat central. Je me heurte à un mur ! On m'a objecté les nécessités de l'enquête, on m'a conseillé la patience, d'attendre... Attendre ! alors qu'un innocent est en butte aux sévices les plus barbares, que sa vie même est en danger ! »

Chabert avait fait quelques pas et tapotait distraitement les barreaux de la cage, où les serins, excités, battaient des ailes.

« Si j'en juge d'après le journal, les charges qui pèsent sur le Portugais sont accablantes. Il a reconnu avoir suivi Fontange dans l'express...

— Oui. Je ne me l'explique d'ailleurs pas. Je suis persuadé qu'il est au centre d'une machination.

— Vous le connaissiez bien... Avant son départ, il ne vous a rien dit au sujet de ce voyage ?

— Non. Ni à moi, ni à personne. Lorsqu'il m'a prévenu qu'il devait s'absenter pendant ce week-end... »

Chabert ne l'écoutait plus guère. Une onde de bonheur l'avait envahi : Jaouen n'était au courant de rien ! Du coup Jef se sentait léger, libéré. Il demanda, et sa curiosité n'était pas feinte :

« Pourquoi diable êtes-vous venu me voir ? Pourquoi moi ?

— Parce que je ne sais plus à quel saint me vouer...

— De la part d'un curé, c'est assez cocasse, non ? »

Mais sa plaisanterie s'écrasa. Jaouen ne souriait pas.

« Vous avez été dans la police ?

— Compliments ! ironisa Chabert. Votre fichier est à jour ! Vous savez donc aussi que je n'ai plus rien à voir avec la corporation ?

— Mais vous y connaissez encore du monde ? Et vous êtes directement concerné par la manifestation de la vérité, puisqu'il s'agit de votre propre famille. Une intervention de votre part aurait du poids, on vous écouterait...

— Vous croyez ! » dit Chabert.

Il enflamma une gauloise.

« Pour quelles raisons le ferais-je ? Votre Manoel,

je ne le connais pas ! J'ignore ce qu'il a fait, ou ce qu'il n'a pas fait. Je ne juge pas : je ne sais rien !

— C'est vrai, dit Jaouen. Vous n'avez que ma conviction. »

Chabert eut un petit geste impertinent et expectora avec bruit la fumée.

« Un innocent est en péril de mort, dit Jaouen. J'avais cru... Excusez-moi... »

Il marcha vers la porte.

« Une seconde, dit Jef. Qu'est-ce que vous attendez de moi ? »

Jaouen se retourna, posa sur son vis-à-vis un regard si pénétrant que celui-ci détourna les yeux.

« Que vous obteniez de voir Manoel. A tout le moins qu'il soit immédiatement et officiellement inculpé, pour qu'un avocat, un médecin aussi puissent lui prêter assistance.

— Admettons que j'accepte, dit Chabert. Vous rendez-vous compte du risque que vous faites courir à votre informateur ? »

Le prêtre hésita.

« Vous avez raison. Je n'en ai sans doute pas le droit. Dites seulement que les amis de Manoel s'inquiètent de son sort, exigez qu'on lève ce secret...

— Exiger ! dit Jef. Vous me prêtez un pouvoir que je n'ai pas. Enfin, je verrai si je peux faire quelque chose. Mais j'en doute.

— Essayez, monsieur Chabert, essayez tout de suite ! Bientôt, il serait trop tard. »

Au moment de sortir, sous la véranda, il dit encore :

« Si vous désirez me joindre... je serai tout l'après-midi au local des œuvres paroissiales, derrière l'église Saint-François. »

Chabert referma la porte, revint dans la cuisine, commença par se verser un verre de Chivas Regal (sa dernière toquade de rupin). Il porta le verre à ses lèvres, en happa une large dose, qu'il garda en bouche le temps que sa langue et son palais s'imprègnent de la chaleur de l'alcool. Puis il tenta de faire le point. L'histoire devenait de plus en plus absurde. Voici qu'il en était arrivé à une situation telle que, ou bien il risquait d'avoir des embêtements sérieux, ou bien il se conduisait en parfait dégueulasse !

Jamais sans doute Chabert n'avait été confronté à un choix aussi périlleux. Il médita les deux termes de l'alternative, le front barré par l'effort, le nez sur l'arête du verre, humant le liquide ambré comme s'il y puisait la solution. Donc, il allait voir le principal ou Rault... Rault, de préférence, car il n'avait aucune envie de s'aplatir devant cette vieille peau de Gros-Dard. Il lui racontait quoi ? « Depuis le début, je vous mène en bateau. C'est moi qui ai collé Pereira aux chausses de Fontange ! Pas plus compliqué que ça. Élargissez illico le malheureux, et refaites vos brouillons ! Bonne chance, les gars ! »

Qu'est-ce qui allait se passer ? Chabert y réfléchit, longuement, conclut qu'il ne pouvait jurer de rien, que tout était possible, y compris qu'il passe les fêtes derrière les barreaux, ne serait-ce que pour la raison que l'affaire, partiellement, échappait au contrôle de la police régulière. Le M.A.C... Il n'en savait guère plus que tout un chacun, assez pour imaginer l'ambiance des caves de M. Jean.

« Manoel a été torturé toute la nuit... »

Il avala une deuxième lampée parfumée, mal à l'aise. Il revoyait le clochard aux yeux fous, se débattant dans la salle de garde du Mans. Et qu'il n'espère surtout pas que les Bodart et consorts lèvent le petit doigt en sa faveur. Au contraire ! Ils lui feraient payer le cul-de-sac où ils s'étaient fourvoyés, le rendraient même responsable des malheurs de Manoel. Et au fond, est-ce que ce n'était pas vrai ?

Il vida son verre, se remit debout. Une flambée de révolte lui embrasa le sang. Il dit tout haut :

« Salaud de Portugais ! Salaud de cureton ! »

Il les associait tous les deux, dans sa rogne primaire. Les responsables, c'étaient eux ! Responsables de tout gâcher ! Ces dernières heures de l'année, qui s'annonçaient si limpides, toutes occupées de choses légères et précieuses. Responsables de couler son réveillon avec Maud. Chabert serra les mâchoires. Pas question ! Trop longtemps qu'il attendait ça ! Qu'ils se démerdent. Ce Manoel, il n'existait pas pour lui. Qu'est-ce qui lui restait du Portugais ? Une silhouette floue, entrevue dans le crachin du port, un visage creusé, blafard, deux yeux méfiants. Eh bien, même cette image, il l'effaçait ! Renvoyée au néant ! Manoel, connais pas !

Sa fièvre tomba d'une masse. Et il se retrouva muscles mous, du coton dans le cerveau, comme après l'amour. Il songea, j'ai promis à Jaouen d'essayer. Stupide, mais j'ai promis. Il rusa, biaisa, chercha le moyen honorable de tourner un engagement imbécile. « Je vais téléphoner à Bodart, lui dire que Jaouen lui enjoint... Réaction garantie : il m'enverra paître. J'en informe aussitôt le curé. Affaire classée. » Il se répéta : « Je ne "leur" dois rien, "ils" me cassent les couilles ! D'ailleurs, je ne suis pas le seul en course, Maud également aurait son mot à dire, non ? »

Cette pensée le rasséréna. Comment n'y avait-il pas songé plus tôt ? Maud, bien sûr ! Il referma le flacon de whisky, endossa son vêtement fourré, quitta le pavillon.

30 décembre, 10 h 10.

Courbée sur le bureau, Maud étudiait avec un jeune dessinateur un projet de film publicitaire. Elle congédia aussitôt son collaborateur, s'assit.

« Tu vas bien, Jef ? »

Chabert ne l'embrassa pas, resta debout, une fesse posée sur l'angle de la table, la lippe maussade.

« Ça pourrait aller mieux. »

Il lui raconta la visite de Jaouen.

« Ce curé ne manque pas de cran, fit Maud. En fin de compte, qu'est-ce que tu lui as dit ?

— Que je n'avais aucun mandat pour intervenir. »

Sous le regard incisif il ajouta comme à regret :

« Pour m'en débarrasser — le bonhomme est collant — je lui ai déclaré que j'irais peut-être à la police transmettre ses doléances. Et qu'on me foutrait à la porte, tout comme lui ! Autant dire que je m'interroge sur l'opportunité d'une telle démarche. »

Maud avait empoigné une grosse pointe-feutre et traçait des lignes sur le sous-main.

« Le problème, à mon avis, ne se pose pas tout à fait en ces termes. Il ne s'agit pas de savoir si tu t'acquitteras ou non d'une formalité désagréable... »

Le crayon se bloqua. Elle releva les yeux.

« Jef, il nous faut voir la réalité en face. Un homme souffre par notre faute. Avons-nous le droit de continuer à nous taire ? »

Il y eut un silence, où s'inscrivit le cliquetis composite d'une batterie de machines à écrire travaillant dans un bureau voisin. Chabert se décolla de la table et exhala une fois de plus sa récrimination impuissante :

« Dire qu'on aurait pu être peinard ! Qu'est-ce qui m'a pris de faire le mariole ! Si dès le début j'avais joué le jeu...

— Mais oui, Jef, coupa Maud avec une pointe d'agacement. Nous avons commis une erreur, moi comme toi. Mais on ne peut pas récrire l'histoire. Qu'est-ce que tu décides ? »

Il se déroba, espérant l'aval d'une volonté plus forte.

« Et toi, qu'est-ce que tu me conseilles ? »

Maud s'était remise à dessiner.

« Te conseiller... Tu vois où ça nous a conduits ! Tu as ta conscience, Jef. C'est vrai, la vie d'un homme est sans prix. Ne pense qu'à toi, Jef...

— Tu veux dire : à lui ?

— Bien sûr. Ce que j'essayais de t'expliquer... »

Elle s'arrêta, le visage contracté, cherchant ses mots :

« Ne t'occupe pas de moi. Les ennuis qui pourraient m'atteindre moi aussi, je les accepte. Parce que, je le répète, j'ai également ma part de responsabilité, ma très grande part. »

Il eut un geste d'impatience, fit quelques pas. Il était en plein brouillard et, n'obtenant pas de sa femme le soutien qu'il escomptait, il lui en voulait un peu.

« Ainsi, toi à ma place tu n'hésiterais pas ? Tu sacrifierais tout, notre bonheur, notre... »

Elle rejeta violemment le marqueur, elle haussa le ton :

« Je ne sais pas, Jef ! J'ignore ce que je ferais ! Et c'est pourquoi je me refuse à t'influencer. »

Sa voix s'adoucit. Il y avait de la compassion dans ses pupilles :

« Tu es seul, Jef. Avec dans l'une de tes mains notre bonheur peut-être, comme tu dis, notre tranquillité à coup sûr, pour longtemps — et dans l'autre, le sort d'un innocent. Et seul tu vas trancher. Tout seul, Jef! »

30 décembre, 11 h 25.

En se faisant annoncer au commissariat central, une heure plus tard, Chabert s'interrogeait encore sur ce qu'il allait dire. Rault était sorti et ce fut Bodart en personne qui consentit à le recevoir. Sa poignée de main fut chaleureuse :

« Eh bien, Chabert, quel bon vent vous conduit chez nous ? »

Un détail parfois est lourd de conséquences. Si Jef s'était trouvé en présence de Rault, dans l'état de trouble où l'avait mis sa conversation avec Maud, il était fort possible qu'il eût fini par tout lui raconter. Le hasard, en plaçant devant lui le gros commissaire le jeta aussitôt sur la défensive. Avec un détachement circonspect, il rendit compte de la démarche de Jaouen, bien décidé à rester à l'abri du courant.

Bodart l'écouta, avachi au fond du fauteuil métallique tournant, les paupières plissées, la lèvre gourmande.

« En somme, Chabert, qu'êtes-vous venu me demander ?

— Des nouvelles du prévenu, dit Jef. A tort ou à raison, l'abbé Jaouen s'inquiète des conditions de son interrogatoire. »

Il s'entendit ajouter, poussé par une force qui échappait à son contrôle et sans trop mesurer s'il prenait un risque ou s'il dédouanait à bon compte ses scrupules :

« Il aurait aimé que je puisse le voir. »

La réplique de Bodart régla ce dilemme :

« C'est naturellement hors de question. Pour le moment en tout cas : Pereira est au secret. »

Il se leva, vint à côté de Chabert à qui il tendit un paquet de gitanes. Il sentait l'eau de toilette et la pharmacie. Sa bedaine dégoulinait par-dessus la ceinture du pantalon. Chabert accepta la cigarette.

« Ce petit abbé Jaouen a de la suite dans les idées, dit Bodart, rendons-lui cette justice. Ça fait deux fois déjà qu'il assiège mes services. Et à présent, voici qu'il vous utilise ! Je ne sais d'ailleurs ce qui est le plus remarquable, ou qu'il ait songé à vous, ou qu'il ait réussi à vous mettre dans son camp ! »

Chabert protesta :

« Il m'a demandé un service. Je n'ai pas cru pouvoir refuser, un point c'est tout.

— Mais c'est bien ainsi que je l'entends, dit Bodart, bonasse. Je serais mal venu de vous reprocher votre obligeance ! »

Il actionna la molette d'un briquet, alluma la cigarette de Chabert.

« Seulement voilà : Pereira ne mérite pas tout ce zèle, Pereira est coupable. »

Chabert rejeta lentement la fumée.

« Jaouen assure que non. »

Bodart reposa briquet et cigarettes sur le bureau, se retourna :

« Et vous-même n'êtes pas loin de le croire ? »

Chabert leva le bras mollement, sans s'engager.

« Écoutez, Chabert, je vais vous faire une fleur. Après tout, vous êtes encore un peu de la famille ? Je vais vous communiquer une pièce maîtresse du dossier. Vous en prendrez connaissance et vous le garderez pour vous. »

Il enfla les joues, se ravisa :

« Non. Vous pouvez en informer Jaouen, discrètement, s'entend. J'espère que ça le calmera. »

De sa démarche éléphantesque, il s'en fut jusqu'à

un classeur à rideau, d'où il sortit une chemise. Il en retira un feuillet, qu'il tendit à Chabert :

« Lisez. »

Chabert parcourut le texte dactylographié, dans lequel Manoel reconnaissait avoir été recruté par le F.R.A. pour liquider Fontange et expliquait comment, après l'avoir agressé dans l'express, il l'avait caché aux toilettes avant de le balancer sur la voie.

« Alors, Chabert ? C'est daté, signé, vous êtes bien d'accord ? »

Chabert ne répondit pas tout de suite. Il ne pouvait détacher les yeux de la frêle signature tremblée. Il avait l'impression qu'elle avait été tracée avec du sang. De la sueur mouillait ses tempes, ses doigts collaient au feuillet ; il sentait le regard de Bodart rivé sur lui. Il lui rendit le papier, se força à relever les yeux.

« Pourquoi, dans ces conditions, ne l'inculpe-t-on pas ?

— Parce qu'il a encore beaucoup à dire. Nous voulons ses complices, celui qui a exécuté Mme Fontange, et tous les autres malfaiteurs du F.R.A. Or, le Portugais n'a encore livré aucun nom, vous l'aurez noté.

— En effet », dit Jef Chabert.

Sa cigarette était éteinte, mais il ne s'en rendait pas compte et continuait de pétrir entre ses lèvres sèches le cylindre tout dépenaillé.

« C'est le M.A.C. qui a obtenu les aveux ? »

Bodart marqua un temps.

« Oui. L'affaire comportant des implications qui touchent à la sécurité de l'État, nous travaillons en étroite collaboration. »

Il écarta les bras avec un soupir :

« La procédure en matière politique nous heurte toujours un peu, n'est-ce pas, nous les purs policiers. Hélas !...

— Manoel ne faisait pas de politique, dit Chabert. Il n'était qu'un pauvre diable sans emploi. Vous ne pouvez pas croire une seconde à ce qui est écrit là ! »

Un éclair sillonna les yeux porcins :

« Vous le connaissez ? »

Chabert battit en retraite :

« Non, mais j'ai vu Jaouen, qui, lui, le connaît bien.

— Un excité ! dit Bodart. Tendances "rouges" très affirmées. Sa caution ne me rassure guère. »

Il s'assit derrière le bureau.

« Vous m'étonnez, Chabert. Que le petit Jaouen défende son pensionnaire, passe encore. Mais vous ! Vous avez beaucoup plus à y perdre qu'à y gagner...

— Je ne saisis pas. »

Bodart souriait, la lueur des prunelles filtrant à peine sous les paupières roses, semblable à un gros matou inquiétant.

« Mais si. Imaginons une seconde que l'on entre dans vos thèses... enfin, dans celles de ce curé. Rayons les aveux, supposons que Pereira ait parlé sous la contrainte : après tout, les méthodes du M.A.C. sont assez discutables... Si nous abandonnons le crime politique, qu'est-ce qui nous reste ? Un très classique assassinat aux motivations sordides. Vous connaissez l'adage : celui à qui le crime profite. C'est un peu notre bible à tous !

— Vous vous répétez, dit Chabert avec sécheresse. Ce truc-là, vous me l'avez déjà servi, le premier jour. Je vais finir par me dire que vous y croyez !

— Moi non, bien sûr ! Je vous connais, Chabert. Mais je ne suis pas seul ! Reconnaissez que vous aviez un excellent mobile ? »

Chabert se leva, cracha ostensiblement son mégot qui s'écrasa sur le tapiflex.

« Vous fatiguez pas, Bodart. Vous ne m'aurez pas à l'estomac ! Vous savez très bien que vous ne pouvez rien contre moi : mon emploi du temps de ce samedi soir...

— Pop ! pop ! pop ! chantonna Bodart. Votre alibi est loin d'être intouchable, on pourrait en débattre. D'ailleurs qui le garantit ? Votre propre femme. Ma question est celle-ci : êtes-vous sûr, Chabert, que des enquêteurs un peu mal lunés prennent pour argent comptant un témoignage conjugal... et intéressé ? »

Il se remit debout, s'avança, toutes griffes rentrées.

« Vous voyez les conneries où ça pourrait nous mener ? On en est loin, Dieu merci. »

Il tendit la main, papelard :

« Allez, au revoir, Chabert. J'ai apprécié votre intervention, croyez-moi. Si, si ! C'est chic de se décarcasser pour un inconnu ! Moi, de mon côté, j'ai tenu à vous parler à cœur ouvert. On est quittes. Tout maintenant est en règle : même votre conscience ! »

30 décembre, 15 heures.

C'était une vaste pièce carrée, basse de plafond. Des chaises en désordre, quelques tables de bois blanc composaient l'ameublement. Sur l'une d'entre elles, des rames de papier-machine, des imprimés et un duplicateur à alcool. Les murs, badigeonnés à la chaux, étaient nus, si on exceptait le grand christ au-dessus de la porte.

« Je suis désolé, dit Chabert, j'ai tout tenté. Pour rien. »

Jaouen avait reposé le pinceau avec lequel il repeignait une armoire en isorel. Il s'essuyait les mains sur sa blouse blanche.

« Il me reste à vous remercier, monsieur Chabert.

— Mais non ! Vous constatez que je compte bien peu pour mes chers collègues. En réalité, l'affaire les dépasse tous. C'est le M.A.C. qui mène le bal.

— Le sinistre M.A.C., dit Jaouen. Pauvre Manoel ! »

Le silence tomba entre eux. Dehors des gosses jouaient au ballon sur le terrain vague derrière l'église. Leurs cris acides se mêlaient aux pépiements des moineaux sur la toiture. Chabert, les mains dans les poches de sa canadienne, piétinait, honteux. Il s'était dégonflé devant Bodart. Et à présent il n'avait qu'une hâte : prendre congé, mettre un point final à une péripétie peu glorieuse, et oublier.

Jaouen le regardait en se raclant les ongles. Tout l'homme était concentré dans ces yeux clairs qui semblaient pénétrer Chabert, atteindre à sa trame la plus secrète, et lire tranquillement en lui, pareils à ceux d'un radiologue devant sa plaque éclairée. Et c'était Chabert qui secouait le silence, devançait d'hypothétiques objections et, gauchement, se faisait l'avocat du diable :

« J'ai lu les aveux de Pereira. Je vous jure que rien ne permet de douter de leur authenticité ! Comment ils ont été obtenus, c'est une autre histoire. Mais à quel titre intervenir ? Les interrogatoires se déroulent dans le cadre de la garde à vue, saloperie légale qui, selon les règlements actuellement en vigueur, est reconductible, à la discrétion du juge. Nous sommes complètement désarmés.

— Non, dit Jaouen, il nous reste une arme : l'opinion. »

Chabert ricana :

« L'opinion ! J'ai peur, l'abbé, que vous vous fassiez des illusions ! Vous voulez mon point de vue ? L'opinion s'en fout !

— Elle est assoupie, anesthésiée, pas morte. C'est en tout cas notre dernière carte, la dernière chance de Manoel. »

Jaouen enleva sa blouse de travail, apparut en tricot élimé et pantalon de treillis.

« Qu'est-ce que vous comptez faire ?

— Ce soir, j'ai ma messe de fin d'année pour les responsables de la paroisse. Une poignée d'hommes et de femmes, mais résolus. Je leur parlerai.

— Vous leur direz quoi ?

— Tout ! Il faut que la vérité éclate, dût-elle égratigner quelques bonnes consciences...

— Vous leur révélerez l'origine de vos informations ? »

Jaouen parut hésiter. Puis :

« Oui, même cela. Il m'en coûte, mais je dois frapper fort. La vérité ne m'a pas été livrée pour que je la cache au fond d'un coffre ! L'homme qui a eu le courage de m'alerter ne l'ignorait pas. »

Jaouen s'exprimait avec une conviction passionnée et pourtant sereine. Chabert avait encore aux oreilles le jugement méprisant de Bodart : « Un excité ! » Il murmura :

« Vous prenez là un risque énorme...

— Oui, dit Jaouen, mais comment ne pas le prendre ? »

Il l'accompagna jusqu'à la sortie.

« Je connais bien Manoel. C'est un être simple et droit. Il a une femme au pays, trois jeunes gosses. »

Il lui tendit la main :

« Il faut que Manoel revoie ses enfants !

Dès qu'il eût regagné la rue Le-Gonidec — il était près de seize heures — Chabert boucla sa porte, ferma tous les volets. Il ne voulait voir personne, il ne répondrait à personne, même pas à Maud si d'aventure elle se présentait à la maison.

Il alluma la lampe de la cuisine, attrapa la bouteille de Chivas Regal, qu'il garda un moment calée contre sa poitrine, la réchauffant entre ses mains. Il s'assit à sa place habituelle, au bout de la table, et considéra d'un œil sombre ses oiseaux qui se querellaient pour une miette de pain. Il songeait que cette cage était un raccourci de la vie des hommes : bouffer, baiser, dormir, il n'y avait que ça. Pour le reste, il l'avait dit au curé, tout le monde s'en foutait.

Il décapuchonna le flacon, emplit la moitié du verre, qu'il commença d'absorber à larges gorgées rapprochées, s'appliquant méthodiquement à atteindre au néant de l'ivresse. Dix minutes, vingt minutes passèrent. Trois fois déjà, il avait incliné le goulot vers le verre. Sa tête se gonflait de brume et dans ses veines l'alcool chantait sa bonne chanson.

« Tout le monde s'en fout ! »

Gravement, Chabert entreprit de démontrer cet aphorisme aux oiseaux. Et puis son éloquence s'effrita. Sans transition, Chabert se sentit l'âme meurtrie. Il se mit à pleurnicher dans son whisky, pauvre Jef, personne ne l'aimait. Autour de lui tous se coalisaient pour lui créer des misères : Bodart qui le menaçait perfidement, Maud qui refusait de l'aider, et ce petit curé...

« Il faut que Manoel revoie ses enfants. »

Pourquoi avait-il dit cela ? Il n'en avait pas le droit, c'était une traîtrise, un coup bas ! Jef eut une réaction de refus effrayé :

« Manoel, connais pas ! »

Il redit les mots, comme s'il avait découvert la formule incantatoire qui le protégerait :

« Manoel, connais pas ! »

Une image paresseusement s'étira dans le brouillard de son cerveau. Un très vieux souvenir de catéchisme : « Et alors le coq chanta. » Ce type qui avait renié le Christ, qui donc c'était ? Judas ? Oui, ce devait être ça : Judas... Il s'esclaffa à travers ses larmes, renifla. Sa morve faisait des bulles, qui éclataient comme du chewing-gum. Marrant ! Judas c'était lui, Chabert, et donc Manoel... Il perdit le fil, se raccrocha à la bouteille. Il continua de soliloquer tout en éclusant des verres, jusqu'au moment où son estomac flancha. Il voulut se rendre aux toilettes, se redressa, roula sur le carrelage, où il vomit, longuement. Il ne se releva pas, s'enfonça dans un sommeil de brute, la nuque sur ses déjections.

Ce soir-là, M. Jean ne rentra pas chez lui. Il donna congé au permanent Puech, à qui il déclara qu'ayant à travailler tard, il assurerait le relais jusqu'à la venue de Gadona. Puech s'en alla à dix-neuf heures, sans se poser de questions, car il était déjà arrivé que le patron passât tout ou partie de la nuit au siège, où il disposait d'ailleurs d'un lit-pliant de dépannage.

Tandis que Müller et Lecoin accomplissaient la mission à eux confiée, M. Jean, studieusement, collationnait les rapports des comités de quartiers en vue de la grande enquête de fin d'année que Chopinet lui avait commandée, sur le thème : « Situation de la marine brestoise dans la Rénovation nationale. — Ombres et lumières. » Puis il éprouva le besoin de se détendre, et il s'assit à son orgue Hammond.

La musique constituait l'une de ses passions et s'il l'avait pu, il eût volontiers passé des heures chaque jour à son clavier. L'orgue, dont il jouait avec beaucoup d'élégance, lui apportait l'équilibre de l'âme, parfois même l'inspirait dans son travail. C'était la raison majeure qui lui avait fait installer l'instrument dans son bureau, plutôt qu'à l'appartement de la rue d'Aiguillon, où il craignait d'autre part que le bruit n'importunât ses voisins.

Il attaquait la *Fugue en la majeur* de Bach, quand les deux agents rentrèrent. Il était vingt-trois heures vingt-cinq. Gadona venait de reprendre son service.

« C'est O.K., patron, dit Lecoin. Tout a marché au petit poil ! »

Ils avaient largué leur colis du côté de la pointe du Minou. Lesté d'une gueuse de béton armé, le corps avait aussitôt piqué du nez vers les profondeurs : on ne le retrouverait jamais. Par surcroît de précaution, toutefois, ajoutait Lecoin, ils l'avaient préalablement défiguré, de sorte que...

« Épargnez-moi ces détails, coupa M. Jean avec sévérité. Il me suffit d'entendre que les ordres ont été exécutés. Vous restez à ma disposition. Pour commencer, remettez la salle de travail en ordre. Allez. »

Ils sortirent. Presque aussitôt on toqua à la porte. Et Puech, le permanent, pénétra dans la pièce, tout essoufflé. Il expliqua que profitant de cette soirée de liberté exceptionnelle il avait été au cinéma, en compagnie de sa femme. En rentrant, il avait trouvé dans sa boîte un papier, qu'il sortit de son portefeuille et présenta à son supérieur. M. Jean s'assit, déplia le feuillet, le plaça sous le faisceau de la lampe de bureau, et lut :

SAUVEZ MANOEL! *Depuis hier un homme paie en raison d'un acte qu'il n'a pas commis. Enfermé dans les caves du M.A.C., rue Kéréon, sauvagement torturé, Manoel Pereira se bat pour son honneur et sa vie. Les dernières paroles de lui qu'ait perçues l'oreille d'un être libre étaient un appel au secours désespéré. C'était ce 30 décembre, à l'aube. Depuis on ne sait rien.*

Brestois, vous ne resterez pas insensibles à ce

cri ! Il faut sauver Manoel ! Il faut, dans un premier temps, exiger qu'il soit interrogé dans les formes légales, en bénéficiant de toutes les garanties en vigueur dans un pays civilisé. A cet effet, vous vous joindrez au cortège pacifique qui partira cet après-midi 31 décembre, seize heures trente, de la place Saint-Martin.

En ces heures qui pour chacun devraient être symbole de bonheur et d'espérance, n'oubliez pas l'innocent qui souffre ! Grâce à vous, si vous le voulez, Manoel Pereira recouvrera bientôt la liberté et sa dignité d'homme !

M. Jean, ayant achevé sa lecture, croisa les bras. Immobile au centre du bureau, Puech surveillait ses réactions.

« Qu'est-ce qu'on fait, chef ? On mobilise les équipes ? Ils doivent être en train de répandre leur saleté partout en ville : on les épinglerait facilement.

— Non, dit M. Jean, ne bougez pas pour l'instant. Attendez mes directives.

— Bien, chef. »

Puech sorti, M. Jean éplucha le texte. Il n'était pas signé, mais l'instigateur en était Jaouen de toute évidence. Qui donc à Brest, en dehors du prêtre, remuait ciel et terre en faveur du Portugais ? Et du reste le style du tract était assez transparent.

Seulement, comment Jaouen avait-il été mis en alerte ? Et quel sens donner aux expressions : « l'oreille d'un être libre... ce 30 décembre à l'aube... » ? M. Jean opéra un rapide pointage, puis il appuya sur la touche de l'interphone :

« Vous pouvez venir, Gadona ? »

Le colosse aux cheveux carotte fut là, quelques secondes plus tard.

« Approchez, Gadona. »

Sans un mot, il lui tendit le tract à travers la table :

« Lisez. »

Le géant s'exécuta. Quand il reposa le papier sur le bureau, il était livide. M. Jean avait une mine plus consternée que courroucée.

« C'est vous, bien entendu. »

Ce n'était même pas une question : le désarroi visible de Gadona équivalait déjà à un aveu. Il opina en silence et se tint tout déconfit devant son juge, bras collés au corps, talons joints, à la militaire.

« J'attends vos explications, dit M. Jean sévèrement. Eh bien ? »

Gadona roula les épaules, souffla, finit par obtempérer. Il raconta qu'après le départ de Müller et Lecoin, il effectuait une petite ronde, lorsqu'il avait perçu les gémissements du prisonnier. Il était entré et lui avait donné à boire.

« Je ne croyais pas mal faire...

— Je ne vous le reproche pas. Continuez.

— C'est alors qu'il m'a demandé de prévenir le père Jaouen.

— De le prévenir de quoi ? »

Gadona se décrassa l'arrière-gorge et balança les bras avec embarras :

« De ce que j'avais vu...

— Il ne vous a rien dit d'autre ?

— Non... Vous savez, il pouvait tout juste articuler...

— Donc, vous avez rencontré l'abbé Jaouen ?

— Oui.

— Pourquoi l'avez-vous fait ? »

Le remous des épaules s'accentua, mais le veilleur resta coi.

« Votre faute est grave, dit M. Jean. Vous n'êtes des nôtres que depuis peu, mais en entrant au mouvement vous avez été informé des devoirs de votre charge et vous vous êtes engagé à les respecter. Tous sans exception ! »

Il avait extrait une fiche cartonnée de l'un des tiroirs du bureau et la parcourait.

« Vous me peinez, Gadona, et vous m'étonnez. Les renseignements que je possède sur vous sont élogieux. Vous avez fait carrière dans l'armée, d'où vous êtes sorti avec le grade d'adjudant-chef. Vous avez toujours été bien noté. Vous êtes bon catholique. Vous n'avez jamais fait mystère de votre adhésion aux idéaux de la Rénovation nationale. »

Il releva les yeux :

« C'est la raison pour laquelle je vous répète : Pourquoi, Gadona ? »

De la tristesse perçait dans sa question. Le gardien semblait se désarticuler sur place, encombré de son grand corps. Ses lèvres battirent plusieurs fois à vide, avant qu'il ne lâchât :

« Je pense que c'est à cause de mon gosse ! Il fallait que je fasse quelque chose... »

La voix chevrota :

« Il est sauvé ! Vous comprenez cela, monsieur ? Mon gosse est sauvé ! »

Il se tut, baissa la tête, s'enroula à nouveau au fond de sa coquille.

Les pupilles de M. Jean s'étaient voilées. Il parut suivre un rêve, quelques secondes. Puis très doucement :

« Vous vous êtes trompé, Gadona. Mais votre âme est pure. C'est vrai : nos actes aussi peuvent être prière ! Et saint Paul ne dit-il pas que sans la charité il n'y a rien ? »

Il ajouta, avec componction :

« Parlez-moi de votre enfant. Vous avez dû passer des moments bien difficiles !

— Oh ! oui, dit Gadona. Je n'en dormais plus. Ça s'était logé là, dans ma tête : une idée fixe, quoi.

Nous n'avons que lui, c'est sans doute cela. Quand je rentrais à la maison le matin, mon service fini, je retrouvais ma femme en pleurs. Trois semaines que ça a duré. Alors quand le chirurgien de "Morvan" avant-hier m'a dit que Jean-Luc était hors de danger... vous ne pouvez pas savoir ! Ç'a été pour moi comme un miracle ! »

Pendant qu'il se confiait, M. Jean approuvait, par de petits hochements de tête bienveillants. Il conclut :

« Oui, il faut croire aux miracles ! »

Et se leva.

« Je vous remercie de votre franchise. Vous pouvez rentrer, maintenant.

— Rentrer ? »

M. Jean souriait, des paillettes de malice au fond de ses yeux de braise.

« Mais oui, rentrer chez vous, retrouver votre femme, et vous reposer : vous avez une bien petite mine. Je vous suppléerai. Rassurez-vous, mon travail va me retenir ici toute cette nuit. »

Gadona ne remuait pas et le dévisageait, bouche bée.

« Allez », dit M. Jean en le poussant au coude avec familiarité.

A la porte, Gadona se retourna, gauchement :

« S'il vous plaît... pour ce qui s'est passé... je n'aurai pas d'ennuis ?

— Mais non. En dehors de ce prêtre, vous n'en avez parlé à personne ?

— A personne, chef. Même pas à ma femme.

— C'est bien. Allez donc en paix. »

Il lui tendit la main :

« Et si je ne vous revois pas... Joyeuse année ! »

Le géant disparut. M. Jean fit quelques pas dans la pièce, comme désemparé. Il s'immobilisa, abaissa les yeux sur l'Ecce Homo de bronze noir posé à la lisière du sous-main, soupira. Puis il sortit dans le couloir.

Il entendit les pas lourds de Müller et Lecoin qui remontaient de la cave.

30 décembre, 23 h 55.

Gadona fut surpris par la présence de la voiture derrière lui, alors qu'il s'engageait dans la rue de Cherbourg, à Recouvrance. Sans doute, le ferraillement de la vieille pétrolette lui avait-il caché l'approche du véhicule. Ou bien était-il à ce point absorbé par ses pensées ? Il serra aussitôt à droite, se maintint au ras du trottoir.

Des projecteurs puissants le happèrent soudain. Sèchement cravaché le moteur rugit, et ce fut le choc. Le géant s'envola comme une plume par-dessus le guidon, retomba sur le dos contre le granit de bordure, ricocha sur la route.

Bien qu'à demi assommé, il perçut le coup de frein, songea, le salaud ne se débine pas, c'est toujours ça... Quand même, quelle poisse, à deux cents mètres de la carrée... Il essaya de se redresser, lâcha une plainte, le dos cisaillé par la douleur. Ses jambes ne répondaient plus. Il n'insista pas, colla sa joue contre la chaussée.

A pleine vitesse, l'automobile revenait vers lui en marche arrière. Les feux grossissaient... Et Gadona eut brusquement très peur. Il voulut se débattre, cria :

« Non ! Attention ! »

Les deux énormes yeux rouges n'étaient plus qu'à quelques mètres.

31 décembre, 8 heures.

« Allô, monsieur le maire ? Bodart. Vous avez lu le tract ?

— Oui.

— Qu'est-ce que vous décidez? au sujet de la manifestation?

— Nous laissons faire.

— Diable! Vous ne croyez pas que...

— Nous y avons réfléchi. Les bénéfices à en retirer l'emportent nettement, semble-t-il, sur les inconvénients. A condition, bien entendu, de prendre quelques précautions. Vous pouvez passer me voir? Nous en discuterons.

— D'accord. A propos... vous êtes au courant pour Gadona, le gardien du M.A.C.?

— Oui, hélas! M. Jean m'a dit combien il en était affecté. Gadona était un excellent auxiliaire... Où en êtes-vous de votre enquête?

— Pour l'instant, ça vasouille. Il faut attendre l'autopsie. Personne ne s'est encore manifesté.

— Vous espérez que le chauffard...

— Non, je songeais à de possibles témoins. Nous lançons un appel, qui malheureusement ne paraîtra pas dans la presse avant quarante-huit heures...

— C'est en effet fâcheux. Nous allons parler de tout cela, si vous le voulez bien. Je vous attends à mon bureau.

— Je viens.»

31 décembre, 8 h 30.

Chassé par le coulis matinal qui prenait la rue en enfilade, le papier roula un moment le long du caniveau, avant de venir coiffer le pneu de la bicyclette, contre lequel il demeura bloqué. Bob le remarqua en sortant de la boulangerie, au moment où il fixait la baguette sur le porte-bagages. Il le ramassa, y jeta un coup d'œil, le glissa dans l'une des sacoches. Il enfourcha le vélo.

Éva dormait encore lorsqu'il tira la porte de la caravane. Ils étaient rentrés tard, la veille, d'une tournée dans la région des Abers, et elle était si fatiguée qu'elle ne l'avait même pas entendu s'extraire du sac de couchage.

A tâtons, Bob atteignit la dînette, sur laquelle il déposa le pain et le journal. Il chercha le bouton de l'applique et donna de la lumière. Il approcha du lit. Elle ne bougeait pas, ramassée en chien de fusil, ses nattes défaites, répandues sur le drap. Il se pencha, la secoua :

« Éva ? »

Elle sursauta, se mit sur son séant, ébouriffée, clignant des yeux. Son visage se durcit, elle siffla :

« Sale petit con ! Qu'est-ce que te prend ? »

Bob sourit. Pour cet ex-assistant de Vincennes converti au militantisme évangélico-buissonnier, depuis qu'à Katmandou il avait découvert Éva, c'était un plaisir de choix, sans cesse renouvelé, que de voir une si jolie bouche dessiner de si vilains mots.

« Lis ça. »

Il posa le tract sur le sac de couchage. Éva dit : « Va te faire foutre », se recoucha sur le flanc, la croupe bombée dans une attitude de mépris souverain. Puis elle se ravisa, saisit le papier qui avait glissé sur le plancher.

« Alors, darling ? Qu'est-ce que tu en dis ? »

Éva s'était assise sur le lit bas, les genoux joints affleurant le menton, et se brossait les cheveux de ses doigts écartés, la bouche boudeuse.

« Je dis que t'es un sale type, que j'aurais jamais dû t'écouter. »

Elle ôta son pyjama, enfila une culotte petit-bateau. Ses seins menus dansaient comme deux grosses mangues laiteuses, piquées d'un clou mauve.

« Sans toi, le pauvre gars, sûr qu'il en serait pas là !

— Bourrique ! gronda Bob. Je te répète que notre témoignage ne lui serait que d'un très faible secours. Nous, en revanche, les flics ne nous rateraient pas ! Non, Éva, tu ne m'as pas écouté. Sinon, nous serions déjà loin. »

Elle tira la fermeture Éclair de son jean, attrapa un pull marin dans la penderie.

« Je vois. Tu crèves de frousse, pour ne pas changer. Tu me dégoûtes, Bob ! Dès demain, je repars en n'Hollande !

— C'est vrai, dit Bob, j'ai peur. Mais pas pour moi ! Je ne veux pas que tu tombes entre les pattes de ces sadiques, qu'ils s'excitent sur ton corps. Éva, tu sais ce qu'ils te feraient ? »

Elle frissonna, passa le tricot.

« Moi également j'ai peur, beaucoup peur. J'ai honte aussi. J'aime pas ma gueule, le matin, quand je me regarde dans la glace... »

Elle se jeta dans les bras de son ami :

« Bob, il faut faire quelque chose ! Le Bon Dieu, il nous a pas placé pour rien là-bas, ce samedi soir. S'il arrive malheur à ce pauvre gars... »

Il la tenait serrée contre sa poitrine, minuscule et ardente, si fragile...

« Je veux bien qu'on essaie, dit-il, ébranlé. Mais pas question qu'on se présente à la police. »

Il réfléchit.

« Il y a un moyen, très simple. Écoute, Éva, voici ce que je propose. »

9 heures.

« J'aurais personnellement penché pour l'interdiction pure et simple, dit Bodart. Mais Hamel a hésité devant le risque d'un affrontement public, un 31 décembre. Bref, la manifestation aura lieu.

— Et quel sera notre rôle ?

— Des plus traditionnels. Nous contrôlerons le défilé, en douceur, nous n'interviendrons pas. Dans la mesure toutefois où le rassemblement gardera le caractère pacifique auquel il prétend.

— Et le M.A.C. ?

— Quoi, le M.A.C. ? J'ai exigé et obtenu que nous opérions seuls. Vous ne semblez pas convaincu, Rault. Qu'est-ce que vous craignez ?

— Tout. Je puis vous poser une question ?

— Allez-y.

— Dites-moi : qui a tué Gadona ?

— Pop ! pop ! pop ! Quel rapport ? J'aimerais le savoir, parbleu ! Mais tant que les témoins éventuels...

— Nous n'aurons pas de témoins éventuels, monsieur le principal.

— Et pourquoi donc ?

— Parce qu'ils ont peur. »

10 heures.

Bodart stoppa l'enregistreur, puis le mit en rembobinage rapide.

« C'est arrivé quand ? dit Rault.

— A l'instant. »

Bodart bloqua la bobine.

« Ça pue le canular, non ? Enfin... Qu'est-ce que c'est que ce style ? »

Il pesa derechef sur la touche start. On entendit un ronflement, des sonorités indéfinissables, puis une voix féminine :

« — Alors ouvrez bien vos oreilles ! Le samedi ... décembre, un peu après vingt-trois heures, on se trouvait, mon copain et moi, à l'entrée de la rue Poullic-Al-Lor... »

« — Qu'y faisiez-vous ? intervenait Bodart, très flicardement.

« — L'amour, hé ! patate ! » rétorquait la voix, jeune, insolente et fortement marquée d'un accent étranger.

Bodart coupa le son, dit :

« Vous vous rendez compte ? Et la fin, hein ! c'est le bouquet ! »

Il fit défiler quelques longueurs de bande, tâtonna avant de tomber sur les ultimes répliques :

« — Qui êtes-vous ? demandait le commissaire, pour la seconde fois.

« — Quelqu'un qui aime trop la vie pour se fourrer entre tes pattes, mon gros !

« — Mais enfin...

« — Va te faire enfifrer, poulet ! Communication terminée. »

Bodart se redressa, prit Rault à témoin de la vulgarité de la correspondante, répéta, vous vous rendez compte ?

« La voix est curieuse, dit Rault tranquillement.

— Une voix maquillée.

— Sans doute. Pourtant, cette histoire de voiture n'est pas dénuée d'intérêt. »

Il vissa entre ses lèvres un de ses cigarillos, l'alluma.

« Si j'ai bien entendu, la voiture était à une trentaine de mètres en contrebas de la placette où se trouvait la correspondante, quand elle a viré. A cette distance, et de ce côté de la rue Poullic-Al-Lor, il n'y a que la propriété des Fontange... »

Bodart le regardait, la bouche grognonne.

« Et alors ? Qui serait ce visiteur ? Le tueur ? Mais à vingt-trois heures, Mme Fontange était morte depuis au moins une heure, le légiste est catégorique.

— C'est incontestable », dit Rault.

Il téta son cigarillo, suivit d'un œil rêveur l'envol des spires bleuâtres.

« Nous avons peut-être eu tort de dissocier les deux crimes. Qui sait si l'un ne s'explique pas par l'autre ? Si la voiture, justement, ne constitue pas le lien entre les deux assassinats ? »

Bodart marmonna :

« Je vous ai déjà dit, Rault, que je n'appréciais que modérément les paraboles ! »

Il s'était assis, et marinait dans son jus, la fesse chassieuse, la gueule revêche.

« Excusez-moi, dit Rault. Depuis le début nous tournons autour du fait suivant : Fontange est vu entrant dans l'express autour de vingt heures quarante-huit, vingt heures cinquante. Quelques instants après, il s'est volatilisé, abandonnant la valise, et dans celle-ci le pardessus caramel qu'il avait sur le dos la minute précédente. Dès que j'ai pu parler à Pereira j'ai acquis la conviction qu'il était sincère, qu'il n'avait pas tué Fontange. Or, si Pereira a dit la vérité, le problème du train est insoluble. J'y ai beaucoup réfléchi, cet escamotage est matériellement impossible. A moins que... »

Il s'arrêta, soignant sa chute. D'une chiquenaude il soulagea son cigarillo au-dessus du cendrier. Il était insolent d'aisance, de flegme élaboré.

« Eh bien ?

— La voiture aperçue par la correspondante n'amenait pas à la villa l'assassin de Mme Fontange, nous en sommes d'accord ; les heures ne coïncident pas. Mais si c'était l'assassin de Fontange ? »

Bodart grimaça :

« L'assassin de Fontange ? Que voulez-vous

dire? Bon Dieu, Rault, cessez donc de tourner autour du pot!»

10 h 25.

Ils étaient trois, le patron, un instituteur libre et un visiteur médical en chômage, à s'être réunis discrètement au 247 de la rue de Glasgow, dans la remise du magasin: *Nos chers disparus — Fleurs et articles funéraires,* dont le tablier de fer ce matin n'avait pas été relevé. Tous trois jeunes, dévorés de zèle, arborant comme noms de guerre: Hoël, Gwench'lan et Kongall, et portant sur leurs épaules les destinées du F.R.A.

Le local était exigu, sans fenêtre, éclairé par une simple ampoule de faible puissance suspendue à un fil nu. Les trois hommes restèrent debout. D'entrée, Hoël posa le problème:

«Je vous ai suggéré, voici quelques semaines, de prendre à notre compte l'exécution des Fontange, considérant que l'événement n'avait fait que devancer une volonté mûrement délibérée, mais que la faiblesse de nos moyens d'action nous avait empêchés de traduire dans les faits. Je ne regrette pas notre subterfuge. Le F.R.A. a réussi sa percée dans l'opinion, vous m'en rendrez témoignage. Le caractère embryonnaire de notre groupe et la férocité de la répression nous interdisent pour quelque temps encore toute opération d'envergure. Mais nous avons pris date! D'innombrables sympathies bouillonnent désormais autour de nous, qui nous seront précieuses, le moment venu.»

Il s'arrêta pour reprendre haleine. Ses deux camarades l'écoutaient avec une attention passionnée, Kongall lissant du doigt son collier de barbe, qu'il avait très fourni et d'un roux ardent, Gwench'lan faisant glisser nerveusement les perles d'une couronne abandonnée sur un rayonnage.

« Depuis notre dernière réunion, reprit Hoël, un fait nouveau est intervenu. Les fascistes du M.A.C. ont appréhendé un homme, dont tout nous laisse à penser qu'il n'est mêlé ni de près ni de loin à l'affaire Fontange. La presse vendue a complaisamment répandu l'idée qu'il était l'un des nôtres. C'est à ce titre qu'il a été arrêté, qu'il est torturé par les bêtes fauves de M. Jean. Il n'est pas exagéré de penser qu'il a cristallisé sur lui la haine et la peur que notre initiative a suscitées dans les rangs des tortionnaires du M.A.C. J'ai donc estimé que nous avions une responsabilité à l'égard de cet inconnu et que nous devions rétablir la vérité, selon des modalités qu'il vous appartiendra de fixer. Conformément aux statuts démocratiques de notre mouvement, je vais vous demander à chacun votre avis. Ensuite, nous procéderons au vote. »

11 heures.

Maud était convaincue qu'il l'avait fait exprès, que c'était bien elle qu'il désirait interroger : quand il voulait rencontrer Chabert, il n'était jamais en difficulté. Mais pourquoi elle ?

« Tout cela concerne Jef, dit-elle. Exposez-lui vous-même vos problèmes.

— Je vous ai dit qu'il n'était pas chez lui, fit Rault. Mais vous étiez une familière des Fontange : vous pouvez déjà m'apporter un début de réponse ?

— Je vous répète que les rapports entre Jef et son beau-frère étaient plus que symboliques. Qu'est-ce que vous voulez prouver ?

— Je vais donc m'expliquer », dit Rault.

Il tira d'une des poches de son raglan une boîte de Pantella :

« Je peux ?

— J'aimerais autant non. Je supporte mal la fumée du cigare.

— Oh ! excusez-moi. »

Elle continuait de se montrer désagréable. Elle l'avait reçu en peignoir de bain, la tête enturbannée d'une serviette d'éponge vert amande, un plumeau à la main, et marquait ostensiblement que la présence du policier lui cassait les pieds.

« Vous permettez peut-être que je m'assoie ? »

Sans bouger, elle montra un siège d'un court mouvement du plumeau. Rault remonta les jambes de son pantalon de tweed, écarta les ailes de son pardessus, s'assit.

« Il nous faut revenir assez loin en arrière, à ce samedi soir... décembre. Fontange quitte sa femme très tôt et se rend à la gare à pied — beaucoup plus tôt qu'il ne serait nécessaire, puisqu'il arrive dans le hall bien avant l'ouverture de la porte d'accès aux quais. Il passe devant le contrôleur, longe le train à très vive allure, grimpe dans la voiture 43. On ne le reverra plus. Mieux : le Portugais Pereira qui l'a pris en filature, qui le suit à quelques dizaines de mètres, le perd de vue, comme par enchantement. Je rappelle que Fontange est le premier à avoir pénétré sur le quai, que l'express vient tout juste de se former, qu'il est vide, à l'exception des quelques employés de service (wagon-restaurant, couchettes, etc.), dont aucun ne remarquera votre beau-frère. Si on se fie aux dires de Pereira — acceptons-les comme une donnée provisoire — Fontange n'a pas pu disparaître si brusquement et si totalement sans une volonté délibérée. En d'autres termes, il a bien fallu qu'il se cache. Vous me suivez ? »

Il avait fini par ressortir de son pardessus l'étui

de cigarillos qu'il faisait passer régulièrement d'une main à l'autre. Maud demeurait de glace.

« Que fait alors Pereira ? Emboîtons-lui le pas. Il remonte entièrement la voiture, en sort, échange quelques mots avec un contrôleur, regrimpe dans le wagon, dont il suit le couloir en sens inverse. A ce moment il aperçoit la valise de Fontange. Il ne la quittera plus de vue. Quand on l'ouvrira, à l'arrivée, on y trouvera le pardessus que Fontange portait en se hissant dans la voiture 43. Je le répète, selon toute probabilité, les deux seuls voyageurs présents dans l'express 524, à vingt heures cinquante ce samedi soir, sont Fontange et Pereira. L'explication la plus vraisemblable est que Fontange, aussitôt atteinte la plate-forme, s'est enfermé aux toilettes. Là il a ôté son pardessus, qu'il a renfermé dans la valise. Puis, profitant du court instant où Pereira parlait au contrôleur, il est ressorti, a déposé la valise à l'entrée du couloir et est redescendu sur le quai. Toujours d'accord ? »

Maud allumait une royale. Elle paraissait à présent très intéressée.

« Absolument pas. Personne n'a aperçu Fontange, vous-même le soulignez...

— Exact, personne. Pourquoi ? Je pose la question différemment. Comment est-il possible de s'extraire d'une gare, à une heure d'affluence, sans être repéré ? »

Maud chassa vigoureusement la fumée de la royale, dit qu'elle donnait sa langue au chat, parce que, figurez-vous, les devinettes et moi... Rault avait extirpé un des Pantella de l'étui et le fixait entre ses lèvres, sans l'allumer.

« Fontange traverse la presse incognito, pour la raison qu'il n'est plus Fontange ! »

Il sourit devant l'expression ahurie de la jeune femme, et précisa :

« Dans les toilettes, il a troqué le pardessus si

voyant contre quelque autre vêtement bien neutre et il aura suffisamment retouché sa silhouette et son visage pour se rendre méconnaissable. Après tout, jusqu'à son mariage, il était comédien ? Les changements à vue, les rôles de composition, c'était un peu sa partie ? »

Maud eut la réflexion que Rault avait souvent entendu faire à Bodart :

« Pour l'imagination, vous ne craignez personne !

— Merci. Je continue donc à imaginer. Fontange sort sans encombre de la gare. Il revient à la villa par la rampe de Messiliau. Pénètre-t-il normalement par la porte ? ou s'introduit-il par la fenêtre de la salle de bain ? Ce point reste à débattre : les traces de sang sur le rebord de la fenêtre appartiennent au groupe de Fontange... tout comme d'ailleurs à celui de votre mari ! Il entre, tue sa femme...

— Vous déraisonnez !

— Mais non : j'imagine !

— Pourquoi l'aurait-il fait ?

— Pourquoi se débarrasse-t-on d'une épouse richissime et possessive, impotente de surcroît et bien décatie, quand on est soi-même fringant et beau, avec des crocs de jeune loup ? »

Il détacha le cigarillo de ses lèvres, crachota un brin de tabac, happa de nouveau son amuse-gueule.

« Si ça vous démange à ce point, dit Maud, allez-y. Je peux toujours aérer.

— Merci, vous êtes gentille. C'est vrai, je dois être intoxiqué jusqu'à la moelle ! »

Elle s'en fut ouvrir la fenêtre donnant sur le boulevard, revint vers lui :

« Et après ? Je brûle de savoir comment vous allez retomber sur vos pieds ! Parce que Fontange a bien été descendu ? On a bien balancé son cadavre du train sur la voie ferrée ? »

Rault allumait le cigarillo, disparaissait derrière une gaze bleue.

« A la première remarque, je réponds oui, et non à la deuxième. Comprenez bien. Le plan de Fontange exige qu'il rattrape l'express assez tôt pour qu'il redevienne lui-même, l'homme d'affaires dont la présence en gare de Brest n'est pas passée inaperçue et que d'autres témoins verront paisiblement descendre à six heures à Montparnasse : il s'arrangera pour mériter leur attention. La valise n'a été placée à l'entrée du couloir qu'à cette fin : qu'il puisse, sans avoir à s'introduire en pleine nuit dans un des compartiments, quitter sa défroque de travail aussi aisément qu'il l'a endossé. Il monte donc dans la Mercedes...

— C'est grotesque ! dit Maud. La voiture n'a pas bougé du garage !

— Qui l'a dit ? La voiture occupait le garage au petit matin, mais entre-temps elle a pu rouler ! Le problème pour Fontange était de rallier une des gares de la ligne : Rennes, ou Laval, ou même Le Mans. Entreprise raisonnable pour qui dispose d'une cylindrée aussi puissante. »

De toute évidence, Maud ne comprenait toujours pas.

« Mais puisque Fontange est mort ! La Mercedes n'est pas rentrée toute seule, comme un chien à sa niche ?

— Voilà une bonne remarque ! Un autre, forcément, l'a ramenée...

— Un autre ?

— Réfléchissez, madame Chabert. En tout état de cause, le système de Fontange suppose un complice. Mais oui ! Disons : un chauffeur chargé de reconduire la Mercedes au garage. Ce complice s'installe auprès de lui. Non, non, ce n'est plus de l'imagination ! Une révélation tardive nous est parvenue : à onze heures et quelque, une voiture a été vue rentrant à la villa, ses phares éteints. Donc, ils se lancent à la poursuite du train. Que se passe-t-il alors ? On peut le reconstituer : c'est l'éternelle histoire de Bertrand et de Raton ! En route, le complice tue Fontange, utilise astucieusement le dispositif mis au point par sa victime, jette le cadavre sur la voie du haut du pont de La-Forêt. En rentrant, trop vite, ou lors d'une manœuvre au volant d'un véhicule qu'il connaît mal, il froisse de la tôle, ce qui explique l'état, constaté au matin, de la Mercedes. »

Rault se tut. Il se renversa légèrement contre le dossier du fauteuil, arracha voluptueusement une profonde bouffée à son Pantella. Maud l'observait avec acuité.

« Ce complice, bien entendu, c'est Jef ?

— Réfléchissez une seconde encore. Qui, en dehors de Chabert, pouvait tirer un profit immédiat, immense, de la disparition des époux Fontange ?

— Vous me mettez donc moi-même directement en cause ?

— Dans la mesure où vous avez couvert votre mari, oui. »

Maud restait parfaitement calme.

« J'aurai deux observations à vous adresser, commissaire.

— Je vous en prie.

— La première est que le F.R.A. a revendiqué les deux exécutions.

— Qui est le F.R.A. ? Nous n'en savons rien ! Pas même s'il existe ! Le F.R.A., c'est peut-être tout simplement Chabert et Fontange ?

— Amusant. Il faudra le prouver. Deuxièmement... »

Elle se rapprocha du fauteuil :

« Que faites-vous du Portugais ? Manoel n'est donc pas coupable ? »

Rault se redressa un peu. Son regard bifurqua, sous le feu des yeux noirs :

« Je le crois.

— Donc le tract dit vrai ?

— Ah ! vous l'avez lu ?

— Tout Brest à cette heure l'a lu ! »

Il se leva :

« Le rôle de Pereira dans cette affaire n'est pas encore clairement établi. Possible qu'il n'ait été qu'un jouet... »

Elle ne le lâchait plus :

« En somme, vous désavouez vos propres collègues ? »

Rault éteignit son cigarillo dans le cendrier.

« Je cherche la vérité, madame. Elle est parfois bien inconfortable...

— Inconfortable pour qui ? »

Il éluda la question, reboutonna son pardessus, enfila ses gants de porc :

« Pourquoi ne voulez-vous pas m'aider ? »

Elle fit front. Avec son fin visage de porcelaine, sous le turban de couleur, elle évoquait vaguement quelque divinité asiatique.

« Je n'ai rien à ajouter à ce que j'ai dit. Sauf que vous êtes en train de vous fourvoyer, commissaire. Jef est en dehors de tout cela ! »

Il était déjà dans le corridor. Il pivota, lui décocha un regard aigu :

« Alors qui ? »

... Elle a refermé la fenêtre, tiré le panneau de fil crème tissé au crochet. Quand elle revient vers le coin-salon, elle a l'impression que la lumière a baissé. Mais ce n'est qu'une illusion : la matinée est claire, un rayon vient même de percer le canevas des nuages ; il dessine une tache jaune, pareille à un gâteau de cire, contre l'un des pieds du bahut.

Elle s'assoit. Les Bertrand, au-dessus, discutent bruyamment selon leur habitude : on dirait toujours qu'ils se disputent. Mais non, les Bertrand forment un couple uni. Maud les a rencontrés plusieurs fois qui se promenaient en se tenant par la taille comme des amoureux. Ils ne sont plus très jeunes pourtant. Plus loin, des doigts malhabiles trébuchent sur un clavier. Maud ne la connaît pas, mais elle imagine très bien l'enfant à son piano : une fillette au corps droit dont les nattes pendent sagement sur la robe écossaise agrémentée d'un col d'organdi blanc.

Sur la table de schiste devant Maud, des brins de gui encore ligotés de raphia : elle les a achetés, route de Quimper, en rentrant du bureau hier soir et n'a pas encore trouvé le temps de les suspendre au lustre à quatre spots cylindriques en métal guilloché. De sa place elle croit percevoir l'odeur crue des petites feuilles lustrées, mêlées à d'imaginaires senteurs de sapin et de cire chaude, et, en dessous, la fragrance sourde du long mégot roux éventré au creux du cendrier de porphyre, souvenir d'une halte à San Marino.

Maud maintenant rêve, yeux grands ouverts. Elle se revoit à cette même place, quelques semaines plus tôt. C'est également une veille de jour férié, un samedi. Au-dessus de sa tête, le même concert de voix sonores et, là-bas, les mêmes doigts puérils égratignant la *Petite Suite* de Mozart. Le soleil aussi est au rendez-vous. Mais le rayon, plus arrogant, après avoir couru sur la moquette, s'étale à présent au pied de la fenêtre. Il est trois heures de l'après-midi. Une fine cigarette à bout de liège, filigranée d'or, tisse une gaze grise en s'agitant sans arrêt comme une navette sur sa trame.

L'homme qui la tient, assis en face de Maud dans le fauteuil que Rault vient de quitter, c'est Fontange.

QUATRIÈME PARTIE

Sanctissima conjux.
VIRGILE.

Samedi ... décembre, 15 heures.

« Encore une fois, sois tranquille ! Je t'affirme qu'elle ne souffrira pas ! »

Il a terminé sa répétition générale, il croise les jambes, s'étale dans le fauteuil. Il a l'expression béate du commis-voyageur qui vient de faire l'article pour sa camelote et attend de pied ferme les questions du client. Il avale une gorgée de scotch, sourit avec suffisance :

« On néglige trop souvent les détails. Là comme ailleurs le secret du succès est dans le détail ! Tu as des objections à présenter ? »

Maud dit non, en pensant oui, et aussitôt : à quoi bon ? Elle n'est pas inquiète, même pas nerveuse. L'irruption si imprudente d'Éric chez elle en plein jour (« Il fallait bien que j'essaie sur toi ma silhouette ! Test réussi ! ») l'a d'abord contrariée, mais elle s'est vite reprise. Avec un détachement un peu amusé, elle l'a entendu pérorer, aligner ses horaires. Tous comptes faits, elle trouve la situation divertissante. C'est plus fort qu'elle : elle n'arrive pas à se mettre au diapason du drame, à se dire que dans quelques heures... La pièce est tiède. Voix rauque d'un cargo dans la passe. Quelque part au fond de l'immeuble un enfant bute sur un arpège, s'arrête, recommence. C'est un samedi de décembre comme tant d'autres.

« Tu es vraiment décidé, Éric ? »

Il dénoue ses jambes, se redresse vivement :

« Qu'est-ce qui te prend ? Tu as peur ?

— Pas du tout. C'est même ce qui me trouble. J'ai un peu l'impression d'écouter aux portes une histoire qui ne me concerne pas.

— Ça te concerne à peine, dit Éric avec autorité. Je prends tout sur moi ! »

Il se met debout, l'attire, il l'étreint.

« C'est un moment difficile, chérie, mais tu verras, tout se passera bien. »

Sa main glisse sur la hanche de Maud, froisse sa robe. Elle le repousse :

« Sauve-toi. Imagine qu'un voisin entre ! »

Elle le regarde revêtir son déguisement devant le miroir de la salle d'eau. Il est appliqué, vétilleux, concentré. Il modifie l'inclinaison de la toque d'astrakan, rebrousse du doigt les poils du postiche, multiplie les poses sous divers angles. Pour un peu, songe Maud, il me réclamerait fards et fonds de teint ! Et c'est vrai qu'il se prépare à interpréter un rôle : son premier grand rôle. Elle le trouve parfaitement ridicule sous cet attirail, mais au fond il ne lui déplaît pas que la mort aujourd'hui ait ce visage de cabot grotesque : il désamorce le drame, le ravale au niveau d'un jeu irréel et lointain.

Éric endosse l'imperméable gris qui lui bat les talons, plie avec soin le manteau à longs poils caramel, le case au fond de la valise. Il octroie à la jeune femme un baiser de happy end :

« A ce soir ! Courage ! »

Il part, la valise de porc au poing, *L'Éclair du Ponant* sous le bras gauche.

Maud erre quelque temps dans l'appartement

avec un inhabituel sentiment de désœuvrement. Elle vide le cendrier, met un disque, allume une royale, qu'elle abandonne presque aussitôt. Est-ce qu'elle deviendrait nerveuse ? Elle éteint l'électrophone, revêt son manteau, enfile ses gants, sort de l'appartement.

L'après-midi est agréable. Du soleil, un air tonique qui lui griffe les pommettes. Au loin la rade s'estompe dans une vapeur blanche. Dans la gare, en contrebas, une machine haut-le-pied passe en ronflant. Peu de monde sur le boulevard : des amoureux se lèchent en zigzaguant d'un bord à l'autre du trottoir, une petite bonne promène un caniche en pardessus rouge, un homme à tête de mari promène bobonne. Maud surprend son œillade appuyée. Elle tend la croupe, fait tomber ses seins. Elle aime cela : éprouver sur sa peau la caresse d'un regard de mâle. Elle se sent soudain épanouie, inexplicablement bien dans sa peau. Tout lui semble beau, harmonieux, jusqu'aux insipides têtards du boulevard, jusqu'aux mornes façades des immeubles là-bas. « Dans quelques heures, Fabienne sera morte, et je suis heureuse. C'est peut-être parce que rien n'est encore fait. Une sorte de rémission : mon dernier après-midi d'innocence... »

Depuis des semaines, Maud habite avec son crime, dans une cohabitation parfaite. A chaque réveil, sa première pensée, est :

« Fabienne va mourir ! »

Comme un doping matinal. Et toute la journée elle se nourrira de cette drogue. Au début, il est vrai, les considérations pratiques ont pesé : rêves de fortune, calculs, conscience exaltante d'une existence bientôt transformée, griserie de la revanche sur le sort... Mais l'idée depuis longtemps vit de sa vie propre, détachée de l'acte et de ses suites, intégrée à sa substance. Au point que si

Éric avait dit: «Il vaut mieux que nous renoncions», elle en aurait ressenti une très vive déception.

Naturellement, la première fois que Fontange en a parlé, elle a été horrifiée, elle lui a fermé la bouche d'un «Non, mais tu es fou?» Il a laissé mûrir l'idée, est revenu à la charge avec une moisson d'arguments. Elle a écouté: les mots déjà avaient perdu leur aura vénéneuse.

«Fabienne doit disparaître. Je suis sûr qu'elle flaire quelque chose: elle n'arrête pas de m'interroger chaque fois que je rentre un peu tard le soir. Elle est obstinée, elle arrivera à savoir, et alors fini entre nous!»

Déjà depuis son retour du centre de rééducation ils ont de plus en plus de mal à se voir: quelques étreintes bâclées dans un des fauteuils du bureau d'Éric, après la fin du travail.

«Le divorce? Elle multipliera les finasseries pour le retarder, elle y mettra le prix, ça peut être très long: tu connais les nouvelles lois sur la protection de la famille?»

Et il y a cette fortune sur laquelle elle garde la haute main, et qui risque de leur passer sous le nez.

«De toute façon, a encore dit Éric, elle est fichue. Elle végète, comme une larve. Elle roule vers la décrépitude, inexorablement. Au fond, nous abrégeons ses souffrances.»

Maud traverse la rue Victor-Hugo, tapote la joue d'un bambin qui lui sourit. Elle déteste Fabienne. Qui au reste aime Fabienne? Ce monument étalé de la réussite bourgeoise? Orgueilleuse, mesquine, fantasque... Après sa séparation d'avec Jef, elle a fait entrer sa belle-sœur au secrétariat de l'usine. Une charité, dont Maud s'est vite vengée en lui piquant son mari, mais que Fabienne s'ingénie à lui rappeler. Elle la convoque chez elle pour un oui ou pour un non, Maud doit essuyer ses humeurs et ses caprices, accepter les corvées les plus serviles. Ou bien, sans motif, elle la boude des semaines entières.

Maud s'arrête au milieu du trottoir, le feu aux joues. Oui, elle déteste Fabienne. Et elle n'aime pas Éric ! Ni Éric ni personne. Jef a épuisé sa capacité d'aimer : c'était au début de leur mariage, il y a si longtemps déjà... Depuis... Elle est comme beaucoup d'autres femmes sans doute. Un corps jeune et bien fait, dont elle a appris à se servir. Éric est beau, il fait bien l'amour. Et il va devenir immensément riche. Demain.

Le soleil glisse entre les antennes d'une tour. La sirène d'un train monte, lointaine, ricochant dans l'air acéré. Maud frissonne. Il va geler cette nuit, songe-t-elle. Elle se retourne, prend à vive allure la direction de la résidence.

20 h 55.

Les lampes de la gare brûlent sans halo dans la nuit. L'express est pareil à une grosse chenille figée par le froid. Derrière les rectangles lumineux des compartiments, quelques rares formes s'agitent. Où est Éric ? Il a déjà dû quitter le train, il descend la rampe de Messiliau, dans son accoutrement de carnaval. Et Fabienne, assise dans sa chaise d'infirme qui attend Maud (Éric lui a assuré que sa belle-sœur passerait la nuit auprès d'elle), qui s'impatiente de son retard, mais qui n'a même pas la ressource de lui rappeler sa promesse, puisque Maud n'a pas le téléphone.

Maud se décolle de la vitre. Ce soir, elle n'a pas fait glisser le volet. Cela aussi figure au plan :

« Qu'on voie de la lumière chez toi. »

Les fameux détails... Elle allume une autre

royale au mégot, regarde de nouveau la gare et, derrière, le serpent dessiné par les réverbères qui piquent les quais et les môles du port, les fanaux verts et rouges des navires à l'ancre, les superstructures illuminées d'un vaisseau de guerre en rade, comme un arbre de Noël posé sur la mer... Des rires éclatent au-dessus, des pieds trépignent : les Bertrand, comme chaque samedi, ont invité des amis et commencent leur partie de cartes. Musiques, éclats de joie, rumeur disparate et familière. L'immeuble connaît sa grande transe hebdomadaire.

Maud se rapproche de la fenêtre. Elle aperçoit à sa droite les autres cubes de la résidence comme un échiquier d'or et d'ébène. Imperturbable samedi soir brestois ! Indifférent aux bourrasques politiques. Veillées familiales, retrouvailles entre camarades, devant le poste de télévision où postillonne l'avachisseur national, Guy Pécuchard... Généreux samedi soir brestois ! Tout tendu vers cette apothéose : la vaste symphonie fraternelle des sommiers qui chantent. Une semaine de labeur ramassée dans ces corps à corps éperdus entre les draps tièdes — putains et matrones à jugulaires, les mêmes mots, les mêmes gestes... Mâles qui tisonnent, mâles qui fusionnent, et puis mâles qui ronronnent dans la chaleur du lit... Merveilleux samedi soir brestois ! Comme Maud les envie, ces milliers de compatriotes anonymes qui ne changeront rien au rites, pour qui il ne se passera rien, qui dans quelques heures se réveilleront identiques...

Un frisson sinue le long de son échine. Cette vitre est comme de la glace ! Elle s'écarte, interroge sa montre. Vingt et une heures. Tout peut encore s'arrêter. Éric a-t-il déjà franchi la grille du parc ? Un geste de Maud, et Fabienne verra le dimanche. Rattraper Éric, lui parler, le convaincre... Tout serait comme avant: l'étirement gris des jours, les effusions tronquées avec son amant, et la solitude dans le studio trop grand où Jef parfois vient larmoyer et lui soutirer vingt francs...

Maud se secoue. Trop tard. Le jeu de construction est bien en place. Quoi qu'elle tente, il s'écroulera sur elle. Trop tard, elle est embarquée, elle n'a même plus le pouvoir de courir au poste public et d'appeler Fabienne: en quittant sa femme, Éric a neutralisé le téléphone. Le compte à rebours va s'achever. Derniers battements d'une vie, derniers soubresauts d'une conscience. Vingt et une heures cinq. Le gong a sonné: Maud doit abandonner la coulisse pour tenir sa partie.

Elle revêt un manteau, abrite ses cheveux sous une écharpe de soie sombre, sort en laissant allumées toutes les lampes. Elle s'enferme dans l'ascenseur. Le hall est vide. Elle se coule dehors, gagne sa voiture, une Mini-Austin qu'elle a garée dans la pénombre, rue Villaret-Joyeuse.

21 h 40.

«Plus vite! On n'y sera jamais!»

Maud accéléra légèrement, contrôla l'aiguille au compteur: 140, elle atteignait la zone dangereuse. La vitesse sur la route à quatre voies était limitée à 100, et elle ne pouvait s'offrir le risque d'être sifflée par un motard. A son flanc, Éric remuait, soufflait comme un asthmatique.

«Tu aurais dû me laisser le volant! On se traîne!

— Tu n'es pas en état de conduire, tu le sais bien. Tu ferais mieux d'attacher ta ceinture.

— Non, j'étouffe.»

Elle haussa les épaules. Avant même qu'elle

l'eût vu surgir de la villa (elle attendait blottie dans un des massifs d'aucubas du jardin), elle avait compris que le scénario d'Éric (« Je l'attire dans le bureau, et là... »), le beau scénario si amoureusement mitonné avait volé en éclats. Il y avait eu ces cris, l'appel atroce de Fabienne. Maud avait failli prendre la fuite. Lâchement elle s'était bouché les oreilles. Plusieurs minutes avaient passé, et il était apparu sur la terrasse, la toque de travers. Dans la Mercedes, claquant des dents, par lambeaux de phrases, il avait expliqué : Fabienne s'était débattue, avait réussi une première fois à lui échapper. Poussant sa petite voiture avec une rage désespérée, elle avait pu se propulser jusqu'à la cuisine. Avait-elle reconnu Éric ? Il était incapable de le dire, il savait seulement qu'il s'était affolé, qu'il avait saisi un couteau dans le buffet, qu'il avait frappé, frappé... Une boucherie.

Ils passèrent à allure réduite Landerneau. Fort heureusement, le temps n'incitait pas à la promenade : la ville était à peu près déserte. Au bout du quai, ils prirent à droite, pour gagner la route du centre où ils auraient moins à redouter de rencontre fâcheuse.

Ils sortirent des faubourgs. Maud appuya sur le champignon. La voie devant eux s'ouvrait dans le faisceau des phares comme un tunnel blanc. Ils traversaient un bosquet de sapins. Violemment éclairés, les fûts défilaient comme les barreaux d'une clôture. Le ventilateur bourdonnait. Éric continuait à se démener comme fauve en cage, à se retourner pour inspecter dans la lunette arrière, à consulter sa montre lumineuse.

« Accélère, Maud ! Il nous reste tout juste trois heures et demie ! »

La pointe du soulier de Maud sollicita à peine la pédale. Elle aperçut la coulée d'argent, trop tard. Elle pesa sur le frein, se disant en même temps, du verglas, surtout ne pas freiner, on est fichus... Elle sentit que l'arrière se décollait, contre-braqua, braqua. Elle entendit le hurlement d'Éric, vit les troncs blancs qui venaient sur elle. Les pneus chassèrent sur l'herbe du fossé. Un choc, le mufle de la Mercedes raclait le talus dans un fracas de verre, les roues labouraient l'humus ; d'un coup de frein la voiture s'arrachait du fossé, s'immobilisait, moteur calé.

« Éric ? »

Il ne bougeait plus. Maud alluma le plafonnier. Fontange était renversé en arrière, la nuque appuyée à l'encadrement inférieur de la vitre. Une coulée brune atteignait le lobe de son oreille gauche. Ses lèvres se retroussèrent dans un rictus, ses paupières battirent, lentement, et ce fut fini. Il n'y eut plus que cette bouche pétrifiée sur un suprême cri de refus, et ces billes blanches contemplant la plafond.

« Je suis perdue. »

Maud demeura quelques secondes prostrée, muscles dénoués, cerveau gonflé de fumée. Très vite pourtant l'instinct de survie la réveilla, fouetta sa volonté. Elle tourna la clef du démarreur, constata que le moteur tournait rond. Elle sortit, claquant des dents dans le froid âpre et évalua les dégâts. La lanterne droite était brisée. Le choc qui avait été fatal à Éric avait largement cabossé l'aile droite, mais apparemment aucun organe vital de la voiture n'était atteint. « Me défaire du corps sans perdre une minute. » La route restait déserte, mais à tout instant une auto pouvait surgir.

Elle ouvrit la portière ; le cadavre bascula, la tête d'Éric se lova contre son épaule, toute tiède. Elle réprima une nausée, attrapa le haut des bras, tira, puis s'immobilisa. Une pensée fulgurante : la valise d'Éric, qui roulait toute seule dans l'express de Paris. Si on découvrait le corps sur la voie ferrée... Elle ne discernait pas encore toutes les conséquences de son idée, mais elle sentait que c'était sa chance, son unique chance.

Elle repoussa le corps sur le siège, referma la portière. Dans le coffre, elle trouva un plaid usagé, dont elle enveloppa le cadavre. Curieusement, il saignait peu. La tache s'était simplement étalée jusqu'au cou et graissait le col de chemise.

Elle éteignit le plafonnier, opéra une manœuvre difficile sur la route étroite, repartit à marche prudente en direction de Landerneau. Elle était bien consciente qu'avec sa voiture borgne elle tentait une gageure quasi insensée. Un gendarme pouvait l'arrêter, ou un automobiliste s'étonner, noter mentalement le numéro de la Mercedes accidentée. Elle évita la ville en passant par La-Roche, revint par Plouedern, Saint-Éloy, Saint-Divy. Durant ce périple, elle ne croisa que trois voitures.

Elle avait trouvé l'endroit où elle se débarrasserait du cadavre : La-Forêt, un village au bord de l'Élorn. Elle y venait quelquefois déjeuner avec Jef le dimanche, dans les premiers temps, on y mangeait bien. Après ils se promenaient dans les bois, le long de la rivière. Elle se rappelait le pont au-dessus des rails, à la sortie de la bourgade, nettement en retrait de la route de Brest et desservant un chemin vicinal.

Il était vingt-deux heures vingt, quand elle traversa la bourgade endormie. Elle immobilisa la Mercedes à l'entrée du pont, éteignit. Aucun bruit. Au jugé, elle déroula le plaid. Dans l'ombre, le corps surgit de la couverture comme une momie de ses bandelettes. Les dents et les prunelles faisaient des taches claires. Elle ôta la toque, la barbe postiche, l'imperméable, qu'elle serra dans le plaid avec les lunettes qui avaient glissé sur le tapis-brosse. Pour accroître sa marge de sécurité, elle enleva également le portefeuille du mort, passa au crible le complet, mais n'y découvrit rien d'autre qu'un mouchoir et le billet de première qu'Éric avait glissé dans la poche de poitrine du veston.

Elle sortit, inspecta les alentours, ne recueillit que l'appel d'un chien au loin. Elle entrouvrit la portière, bloqua le plafonnier. Elle tira le corps à elle par les épaules, lui fit prendre appui sur la margelle du pont. Un bref éclair au poignet droit : la montre-bracelet. Elle se mordit les lèvres. Elle avait failli commettre une faute grossière : la montre, qui fonctionnait toujours, pouvait s'arrêter dans la chute, attestant une heure différente de celle du passage de l'express. Elle la décolla du poignet, la jeta dans le plaid. Elle acheva d'extraire le corps de la voiture, le fit glisser sur la margelle jusqu'à la perpendiculaire de la voie de droite dont elle devinait la lueur. Un ultime contrôle pour s'assurer qu'aucune partie de vêtement n'avait été abandonnée dans l'opération. Elle souleva les jambes, poussa. Le corps bascula, disparut. Un ploc ! très sourd. Maud déjà sautait dans la Mercedes, effectuait une marche arrière, repartait. C'était étrange, elle était très calme, très maîtresse de ses nerfs.

Elle arriva au Moulin-Blanc un peu avant vingt-trois heures, obliqua vers le port de commerce pour prendre le nouveau sens unique de la rue Poullic-Al-Lor, éteignit ses lumières. Elle monta au pas, visage contre la glace, se guidant sur les façades plus claires des maisons qui bordaient la venelle. La grille, le gravillon de l'allée, le garage, qu'Éric avait laissé ouvert, tout comme le portail. Elle coupa le contact, rassembla les coins du plaid, sortit avec son balluchon, après avoir repoussé la porte roulante. Elle referma également la grille et s'enfuit en courant, remonta la portion de la venelle qui accédait à l'avenue Salaün-Penquer. Elle retrouva l'Austin, impasse de Porstrein, repartit, arrêta la voiture place Sané, se faufila entre les blocs de la résidence, l'œil aux aguets, s'engouffra dans le hall de l'immeuble. Elle négligea l'ascenceur, grimpa les escaliers sans allumer la minuterie, prête à rebrousser chemin à la moindre alarme. Les paliers résonnaient de voix et de musiques, mais elle ne fit aucune rencontre. La porte vernissée de l'appartement. Un tour de clef : elle était chez elle.

Elle eut un éblouissement, demeura un long moment immobile, appuyée au panneau, dans la tiédeur du vestibule, à écouter le grésillement de ses nerfs. Palabres discordantes au-dessus, rires de femme, interminables.

Elle se ressaisit. Elle vint dans le séjour, éteignit le lustre et referma très doucement les volets de la porte-fenêtre. Puis elle ralluma, gagna la cuisine, déposa le balluchon sur la table. Elle continuait à être très lucide. Oui, elle voyait très précisément tout ce qu'il lui fallait faire. Elle enleva son manteau, son écharpe, ses gants. Elle ouvrit le paquet, se munit d'une paire de ciseaux. Après avoir arraché les boutons de l'imperméable, elle se mit à le découper en fines lanières, qu'elle divisa ensuite en copeaux d'une dizaine de centimètres. Elle cisailla de la même façon le plaid, la toque et le postiche. Quand ce fut terminé — elle travaillait très vite, cette opération ne lui demanda pas plus d'un quart d'heure — elle vida le tout dans la cuisinière à feu continu.

Restaient les boutons, la montre et les lunettes, dont Maud constata alors seulement le trou triangulaire dans le verre droit. Quand s'étaient-elles brisées ? Lors de l'accident ? ou au cours de la lutte avec Fabienne ? Il n'était plus temps d'éclaircir ce point. Elle hésita un instant, songea au vide-ordures, y renonça : trop risqué. Les W.-C. ? Mais si la cuvette se bouchait ?

Elle finit par descendre à son box privé à la cave, où elle dissimula les objets au fond d'une vieille cantine. Elle remonta en se disant qu'à la première opportunité elle irait les jeter, à la mer ou dans quelque grille d'égout. Pas ce soir : elle ne se sentait pas le courage de ressortir.

Elle pénétra dans le cabinet de toilette, se badigeonna d'eau fraîche, s'inspecta de la tête aux pieds, ne remarqua aucune tache suspecte. Elle passa de même en revue minutieusement son manteau, ses gants, ses chaussures. Rien. Tout était en ordre. Il lui restait à espérer que personne ne l'avait remarquée pendant ses pérégrinations sur la route, à La-Forêt, ou encore dans la traversée de la ville.

Son cœur marqua un battement. Les empreintes ! Elle avait dû en laisser, forcément, dans la Mercedes, sur les portes et grilles de la villa, sur le corps... Mais non, puisque à aucun moment elle n'avait quitté ses gants. Fausse alerte. Elle respira profondément, s'assit dans le séjour, vidée d'influx, les jambes cassées. La fatigue d'un coup s'abattait sur elle, la terrassait. « Me mettre au lit, essayer de dormir, attendre que... » Non, elle ne fermerait pas l'œil. Elle avait usé sa capacité de résistance, ses nerfs flanchaient. Dans son cerveau des images crues se bousculaient, un col empesé de sang, des lèvres révulsées, les boules laiteuses d'un regard mort au creux des orbites noires...

Elle revint dans la salle d'eau, absorba un cachet de Vallium avec un grand verre d'orangeade qu'elle vida d'un trait, car elle avait la gorge altérée.

Elle éteignit partout, entra dans la chambre. Le réveil marquait vingt-trois heures cinquante. A l'étage supérieur, elle percevait des bruits de pas ; on remuait des sièges. La partie de cartes était terminée, les amis des Bertrand allaient repartir. Maud se déshabilla. Elle se glissait dans le lit lorsque la sonnette tinta. C'était Jef.

...Maud eut un haut-le-corps, émergea de sa rêverie, frileuse, le cerveau pâteux comme au sortir d'un mauvais sommeil. Cette fois, il ne s'agissait pas d'une impression : la pièce s'était obscurcie ; la tache de soleil au bas du store, toute décolorée, se confondait presque avec le vieil or de la moquette. Plus de rumeur de conversation au-dessus. La fillette aussi avait refermé son piano.

Maud se leva, alla brancher l'électrophone. Elle prit le premier disque de la pile, dont elle lut distraitement le titre en l'extrayant de sa pochette : *Les Quatre Saisons*. Elle le plaça sur la platine, actionna le bras. Puis elle s'arma du houssoir, s'attela à son labeur d'époussetage au point où l'intrusion de Rault l'avait arrêté. Rien extérieurement n'avait changé. Le plumeau s'activait, comme soucieux de rattraper cette heure perdue, traçant ses huit selon un itinéraire immuable : le tablier du bahut, les moulures des deux portes, les chaises paillées, la table, le meuble-bar... Après, Maud viderait le cendrier, elle passerait l'aspirateur, et puis elle s'occuperait de sa propre toilette. Chacun de ses actes s'inscrivait dans un cadre précis, chronométré : ces courses à la boucherie et au supermarché, le rendez-vous pris au salon de coiffure pour treize heures trente. Et à dix-sept heures elle retrouverait Jef, elle l'aiderait à préparer la maison pour le réveillon. Maud savait qu'elle ne brûlerait aucune de ces étapes. Elle savait aussi que son corps seul serait présent, mécanique déjà morte, tournant sur son propre élan.

Elle s'arrêta, écouta, une brume de rage aux yeux, la sarabande des violons des I Musici chantant le *Printemps*. Quand Jef était entré, ce soir-là, certes elle avait pensé à elle : un réflexe de défense, s'additionnant à tous ceux qui la soutenaient depuis l'accident sur la route. L'alibi, elle en avait calculé le profit pour elle-même, d'abord. Mais il n'était pas dirigé contre Jef ! Au contraire ! Elle le voyait si faible, si vulnérable... Pas de force à lutter contre les fauves qui bientôt allaient surgir. Oui, à sa manière, dès cet instant, elle avait voulu le protéger, lui aussi. Tendresse pour Jef, comme maternelle, jamais éteinte, inexplicable. En même temps elle pressentait que leurs deux routes désormais étaient condamnées à se fondre. C'était là, tandis qu'elle pansait son doigt meurtri et qu'elle l'écoutait, luttant contre le somnifère, qu'elle avait éprouvé le besoin impérieux de se rapprocher de lui, de se frotter à son innocence, à cette sorte d'enfance en lui préservée.

Et pourtant elle se disait, ce n'est qu'une halte, que le destin m'octroie, une éphémère rémission. Il y avait en Maud une Cassandre impénitente. Tandis qu'Éric lui vantait son bel échafaudage, elle demeurait en retrait, dans une sorte de distanciation hautaine, elle le jugeait, sans illusion. Incapable de bloquer la machine, se livrant corps et âme à la volonté de son amant, elle savait que l'aventure se terminerait mal. Elle les imaginait trop bien, tous ces impondérables qui pouvaient éclater sous leurs pas : un soupçon d'excès dans le grimage d'Éric, une trace de son passage à la villa, un ennui mécanique sur la route de Rennes, et la brillante combinaison se disloquerait.

L'événement lui avait donné raison. Et après encore, quand il lui avait fallu au débotté saisir son destin à bras-le-corps, elle ne doutait pas de son échec. Elle avait effacé comme à la parade tous les obstacles, dans un véritable état second qui ressemblait à un état de grâce. Elle avait été comme un de ces bambins dont le doigt pataud irrésistiblement vient se poser sur la grosse mouche fascinée par tant de gaucherie. Tout s'était conjugué en sa faveur. Il y avait eu cette enquête brouillonne et bavarde, dénaturée dès l'envol par l'ahurissante prise de position du F.R.A., qui entortillait les pistes, affolait les chiens sur la voie.

Longtemps, Maud était restée méfiante. Elle observait Rault. Dès la première entrevue, sous l'urbanité impeccable du policier, elle avait flairé la menace. Mais Rault lui aussi avait pris du champ, il avait paru renoncer. Et Maud avait fini par croire au miracle. Repartir de zéro avec Jef, un Jef tout neuf, décrassé par l'épreuve, pathétique de bonne volonté. Reprendre le chemin ensemble, ainsi qu'à vingt ans, mais avec une bonne terre solide sous les talons. Raturer le passé, comme on chasse un cauchemar, renaître à la vie, au bonheur... Est-ce que c'était possible ?

Maud lâcha le plumeau. Le saphir en bout de course raclait le disque. Elle ramena le bras sur le support, éteignit, revint d'un pas de somnambule vers le coin-salon. Le grain de sable. Rault avait démonté la mécanique, patiemment. Des journées, il avait fait retraite, ramassé dans l'ombre comme un grand guépard pensif. Et brutalement il se détendait. Il avait tout deviné — tout, sauf l'identité du complice. L'expression qu'il avait eue quand il s'était écrié :

« Alors qui ? »

Le train était sur les rails. Chabert allait être

certainement confronté au Portugais, il serait bien forcé de déballer ce qu'il savait, il dirait l'heure exacte où il s'était présenté chez sa femme, il préciserait que c'était elle qui avait proposé l'alibi...

Maud s'assit sur le dossier d'un fauteuil. Elle considéra d'un œil vague la touffe de gui sur la table basse et dans le cendrier veiné de rose et de terre de Sienne le tronçon de cigarillo, comme une loche écrasée, songeant avec mélancolie à ce réveillon ce soir dont ils attendaient tant, aux sirènes de minuit, se disant, comme c'est navrant, ç'aurait pourtant pu marcher, pauvre Jef!...

CINQUIÈME PARTIE

Je suis parvenu à l'autre rive: à rien.

GRAHAM GREENE.

Le froid du carrelage l'avait réveillé vers les deux heures. En se cognant aux meubles et aux portes, il avait réussi à atteindre son lit, où il avait terminé sa nuit, tout habillé.

Quand il s'était levé ce 31 décembre — il était huit heures trente, le jour pointait le nez aux meurtrières des volets —, quand, arrivé dans la cuisine, il avait découvert le champ de bataille : vomissures, verre brisé et partout des traînées innombrables, il avait eu un moment d'abattement, à quoi avait succédé une violente réaction de colère. Après s'être traité de « clodo » et de « pauvre minable », il avait ouvert portes et fenêtres et avait tout nettoyé. Puis il avait absorbé dans un verre d'eau tiède deux cuillerées de bicarbonate et s'était mis sous la douche.

Là il avait réfléchi. Son comportement de la veille était le plus mauvais possible. Parce qu'il le ravalait sans rien résoudre. Un comportement de vaincu. Il résolut de se cuirasser contre de semblables incidents en se cramponnant à quelques idées-forces.

D'abord, se persuader qu'il n'était que très accidentellement garant du sort de Manoel : « il a son destin, j'ai le mien. » Secondement, se dire qu'il ne pouvait pas lui être utile dans l'immédiat.

« Je ne dispose d'aucun moyen d'agir efficacement en sa faveur aujourd'hui, 31 décembre. Par contre, je gâche des heures irremplaçables pour nous, Maud et moi. Ne pas oublier que j'ai aussi des devoirs envers Maud ! »

Cette évidence le galvanisa. Tout en se savonnant avec vigueur, il éleva le débat, se chercha des cautions philosophiques. Nécessité de se démarquer des autres, de tricher si on préférait : tricherie salutaire, vitale. Tous, en fait, y sacrifiaient, en permanence. A chaque seconde dans l'univers des actes horribles s'accomplissaient, au niveau des individus comme à celui des États, des innocents étaient maltraités, des enfants mouraient de faim. La sérénité des nuits étoilées était tissée des cris des torturés, des hoquets des agonisants, des sanglots des mères... Pourtant, la grande roue de la vie continuait de tourner, les chefs de peuples de se congratuler, les braves gens de rire, de choquer le verre de l'amitié, de caresser la joue satinée de leurs gosses... Indifférence salubre : l'ordre du monde reposait sur la capacité des hommes à oublier, à être aveugles et sourds.

Chabert spécula allégrement durant le temps où il occupa le cabinet de toilette. Il conclut que lui aussi, au moins ce jour-là, devait ouvrir une parenthèse et dans cette encoche il glisserait son bonheur, égoïstement.

Lorsqu'il quitta la salle de bain, il était ferme sur ses jambes, avait le cerveau net, l'âme en paix. Il mit l'eau à chauffer pour le café, sortit prendre le pain et le journal. En rentrant, à la grille du jardinet, il aperçut le tract qui débordait de la fente de la boîte aux lettres. Il le lut, tandis qu'il regagnait la maison. Il en fit aussitôt une boulette qu'il jeta dans la poubelle : « Ça ne me regarde pas ! » Il décida qu'il avait du caractère.

Il but son café tout en parcourant les gros titres

du journal et en écoutant des *spirituals* au transistor. Après, il alla se brosser les dents, revint dans la cuisine. Il dressa sur un calepin la liste des courses restant à faire, tant pour le matin, tant pour l'après-midi. Puis il alimenta ses oiseaux, attrapa un filet à provisions et sortit.

La matinée était d'une exceptionnelle douceur. Ni vent ni pluie. Bien que le soleil tardât à se montrer, on le devinait à travers les mailles serrées des nuages, comme un gros poisson chinois engourdi.

Chabert gara sa voiture au parking de Saint-Louis et pénétra dans les halles. Il se laissa porter par la vague qui montait à l'assaut des victuailles. Explosion des lumières, mosaïque en patchwork des fruits exotiques, palette mordorée aux étals des charcuteries, sardane des volailles suspendues à leurs crocs comme les notes d'une gigantesque portée musicale. Et la foule fervente, communiant dans la grande attente, la foule rutilante, affamée de jouissance, monde de fièvre faisant incongrue toute référence à l'autre monde, celui des drames et des souffrances.

Ses emplettes terminées, Chabert quitta les halles. Ses courses le portèrent vers la rue de Siam. Là, c'était la même fringale, la même ruée des chalands en quête de bonheur, pour une nuit, pour une année. Bonheur : il semblait à Jef qu'il figurait partout en filigrane, dans le chatoiement des décorations lumineuses, dans les effluves des sapins, dans la roseur aux joues des femmes. L'air exsudait la tendresse, les aveux chuchotés. Anachroniques, les haut-parleurs installés par le syndicat d'initiative diffusaient *Stille Nacht*. Des élèves du collège naval fendaient la presse par paires, les jarrets raides et symétriques, tenant haut entre deux doigts des paquets enrubannés, émouvants points de rencontre des boy-scouts qu'ils finissaient d'être et des plastrons à médailles qu'ils seraient bientôt. A travers la vitrine d'une boutique de modes, décorée de festons de givre, on distinguait des matelots américains occupés à promener leurs gros doigts dans des lingeries vaporeuses et roses. Et ni la présence sur le trottoir d'un couple de Témoins de Jéhovah brandissant leur pancarte: *Réveillez-vous !*, ni le passage d'un sectateur de Krishna au crâne rasé proposant ses bâtonnets d'encens parfumés au lotus ne parvenaient à calmer l'universelle frénésie de plaisir. Ils semblaient au contraire l'exacerber en conférant à ces instants la plénitude des choses menacées. Des sébiles se tendaient devant Jef:

«Pour les petits vieux de l'hospice!... Pour les orphelins des *Buissons qui chantent !...*»

Il donna, chaque fois, généreusement. Il était tout attendri d'être si bon.

Il entra chez Tempo, choisit, longuement, les disques de leur soirée, se décida pour *Barry White*, une sélection de *Slows pour rêver*, et le tube *Blue Paradise*, dont il se souvint que Maud lui avait parlé avec chaleur. Il conclut ses achats de la matinée en se procurant à la porte des halles un sapin et deux grosses bottes de gui.

Il était de retour à onze heures trente. Il installa aussitôt le sapin dans le séjour, contre la cheminée, le décora. Puis il accrocha le gui aux suspensions de la salle et de la chambre.

Il déjeuna avec appétit de trois œufs au plat et de quelques pommes de terre restant de la veille, qu'il fit rissoler. Il ne but que de l'eau, à part un demi-verre de rouge dont il accompagna son camembert. Pendant que le filtre gouttait dans la tasse, il consulta sur le carnet les commissions qu'il avait laissées pour l'après-midi. Il passerait à la pâtisserie de Saint-Marc pour la bûche et les gâteaux de minuit et chez le traiteur de la rue Yves-Collet, auquel il avait commandé un bloc de foie gras maison ainsi qu'un pâté de gélinotte en croûte.

Maud se présenta au moment où il finissait son café. Elle n'avait pas mis les pieds au pavillon de la rue Le-Gonidec depuis leur séparation. La gorge un peu serrée, il la laissa parcourir seule toutes les pièces. Il l'entendait qui poussait des portes, s'arrêtait, ouvrait des tiroirs. Elle s'extasia devant la chaîne haute-fidélité qu'on lui avait récemment livrée et, revenue dans la cuisine, elle le complimenta pour ses décorations.

« Je vais chez le coiffeur. Dès que j'en ai terminé, j'accours te donner un coup de main. »

Elle se chargeait de la soupe à l'oignon et l'aiderait à ouvrir les huîtres « pour limiter le massacre ».

« Il me reste encore quelques courses, dit Jef. Si je n'étais pas rentré... Je n'ai plus qu'une clef : elle sera dans la jardinière, contre la véranda. »

Ils échangèrent quelques phrases au sujet de leur soirée. Chabert ne fit pas allusion à sa visite à Bodart. Maud, elle-même, semblait avoir oublié leur entretien de la veille, à l'usine.

Ce ne fut qu'en partant qu'elle dit, comme incidemment :

« Tiens, Rault est venu. C'est toi qu'il désirait voir, mais il ne t'a pas trouvé. »

Le visage de Chabert se contracta :

« Qu'est-ce qu'il me voulait encore ?

— Rien de bien important. Il a bavardé. Tu sais comme il est ! Il a aligné ses sophismes. En fin de compte, c'est un dandy assez distrayant. »

Elle l'embrassa :

« Je crois que nous devons oublier Rault... Rault et tout le reste...

— C'est bien mon intention, dit Chabert.

— A ce soir. »

Resté seul, il y songea quelques instants, assombri. Rault... Il choisissait bien son temps, celui-là ! Est-ce qu'il n'allait pas venir le relancer ? Chabert résolut de le fuir. Il débarrassa la table, lava sommairement son couvert sous le robinet, s'habilla, sortit.

Il effectua les courses prévues, se trouva libre très tôt, beaucoup trop tôt, car il n'avait aucune envie de rentrer avant le retour de Maud. Curieusement, la foule aussi maintenant l'agaçait. Il descendit la rue de Siam au volant de la R16, obliqua vers le port, par la place du Château.

Il arrêta la voiture devant le dépôt des balises, alluma une gauloise, revint à pied vers le quai de la Douane. La température restait d'une tiédeur quasi printanière, mais le plafond céleste s'était abaissé. Dès quinze heures, le port baignait dans une lumière de crépuscule. Chabert ne s'en plaignait pas. Il ne lui était pas désagréable que pour ces dernières heures de l'année la ville se fût calfeutrée dans ce cocon moelleux. Les lampadaires déjà portaient leurs fleurs de néon, derrière les vitres des bistrots du quai de petites ampoules dansaient comme des farfadets. Les navires à l'ancre avaient allumé leurs feux de position. Sur la coursive d'un cargo chypriote des marins déployaient une guirlande.

Chabert continuait d'avancer à la lisière des bassins, se remplissant les poumons des parfums mêlés qui montaient de la mer. Le ciment claquait sous ses chaussures. Peu à peu il se décrispait. Il se rappelait sa dernière promenade ici, ce samedi soir du début de décembre, avec la fille grelottant à son côté. Depuis, quel chemin parcouru ! Il s'arrêta, regarda vers le Grand Bassin, crut discerner dans la lumière indécise qui estompait les formes la masse noire du caboteur au pied duquel il avait réussi son marché avec Pereira. Il évoqua le nom et la scène calmement, et se dit qu'il était bien guéri. C'était si loin! Comme un film languissant aux images usées, symbole d'un univers miteux qui ne serait plus jamais le sien...

Il rebroussa chemin, reprit à pas lents la direction du quai du Commandant-Malbert. De nouveau, il songea avec une sorte de reconnaissance à la petite prostituée qu'il avait rudoyée. Il aurait aimé la revoir, faire quelque chose pour elle, lui dire... Insensiblement il se rapprocha du bar à la porte duquel il l'avait rencontrée. Les abords du Cuzco étaient déserts. Mais les lumières tamisées qui s'étalaient derrière la grande vitrine enluminée de pastels naïfs faisaient penser à un havre d'intimité et de chaleur au milieu de la grisaille. Il poussa la porte en se disant, qui sait? elle y sera peut-être.

La salle du café n'était éclairée que par les lampes du bar. Deux hommes y consommaient, juchés sur de hauts tabourets. Guénan le patron (deux boules superposées, grosse tête chauve sur un corps ovoïde) décantait du bordeaux. Il eut un geste de surprise, lâcha pipette et carafe et accourut vers Chabert, qui s'était installé dans la pénombre, lui serra la main. Après avoir cafouillé, oscillant des condoléances aux félicitations, il insista pour offrir à son hôte le pot de fin d'année.

Il vint lui-même servir la chope de bière que Chabert avait acceptée, s'assit en face de lui.

« Ça me fait bougrement plaisir de vous revoir, monsieur Chabert! Depuis le temps, hein... Oui, le deuil, bien sûr, je comprends. Ah! j'ai souvent pensé à vous! En voyant tout ce qui se passait, combien de fois je me suis dit: Guénan, si M. Chabert était là, sûr qu'il éclairerait ta lanterne! Parce que moi alors, je plane! »

Il posa les coudes sur le guéridon. Son crâne

lisse dans la demi-obscurité flottait comme une lune :

« Tenez, par exemple, leur truc de tout à l'heure, qu'est-ce que vous en dites ? Ça risque de faire du pétard, non ? »

Les mâchoires de Chabert se durcirent.

« Vous parlez de quoi ?

— Mais de la manif ! Vous n'avez pas lu le tract ? »

Chabert haussa les épaules sans desserrer les dents. Guénan l'observait d'un air chafouin. Il avait d'énormes poches sous les yeux, pareilles à du sang caillé.

« On ne sait plus sur quel pied danser. Si ce qu'ils disent dans le papier est vrai... »

Il se pencha, assourdit le timbre de sa voix :

« Vous êtes au courant pour Gadona ?

— Qui c'est, Gadona ?

— Il travaillait au M.A.C... gardien de nuit. Il est mort hier soir, écrabouillé par une voiture inconnue, presque à sa porte... »

Chabert se sentit pâlir.

« Le canard n'en a rien dit ?

— C'est arrivé tard, paraît-il... Ou bien ils ne veulent pas en parler... Vous saisissez ? »

Chabert ne broncha pas.

« Moi, je ne le connaissais pas, Gadona. C'est un client à midi qui en causait : il avait sa fillette en traitement à "Morvan" dans le même temps que le gosse à Gadona. Un brave type, qu'il disait... »

Il balança sa large tête d'astre mort, répéta :

« Tout ça finira par tourner au vilain, vous ne croyez pas, monsieur Chabert ?

— Je ne crois rien ! dit Chabert hargneusement. Je m'en fous ! »

Guénan en resta muet. Puis comme un des clients sur son perchoir agitait le bras, il se leva, s'éloigna.

Chabert acheva sa Kronenbourg, se mit debout. Il avança vers le bar :

« Je peux téléphoner ? »

Guénan lui tendit un jeton :

« C'est au sous-sol, monsieur Chabert.

— Merci. »

Il descendit les quelques marches, s'enferma dans la cabine, fouilla dans l'annuaire. Jaouen... Non, le curé ne disposait pas d'un téléphone à son propre nom. Les doigts de Jef chiffonnaient le papier. Où avait-il une chance de le toucher ? Au Foyer, peut-être... Mais n'était-il pas déjà en route pour son défilé ? Il dessina le numéro. Non, on décrochait, la voix grêle disait :

« Allô ?

— Chabert. Vous avez su ce qui est arrivé au veilleur de nuit du M.A.C. ? un certain Gadona ?

— Oui.

— C'est votre type ? »

Un très court silence :

« J'ai tout lieu de le craindre.

— Vous imaginez ce que signifie cet "accident" ?

— Très bien, monsieur Chabert.

— Il est mort à cause de vous !

— Oui... Je prierai pour ce juste.

— C'est un peu facile, non ? Vous ne croyez pas qu'il serait temps d'arrêter le massacre ?

— Il y a Manoel. Je veux sauver Manoel !

— Alors la manif, ça tient toujours ?

— Bien entendu.

— Mais bon Dieu, vous êtes inconscient ! S'ils ont eu Gadona, vous-même...

— J'ai tout accepté, monsieur Chabert. Cela aussi.

— Oh ! et puis merde ! Si c'est le martyre qui vous démange, vous gênez surtout pas. Moi je vous aurai prévenu. »

Il coupa grossièrement, se prit la tête dans les mains, attendit de s'être un peu calmé avant de remonter. Il jeta la monnaie sur le tablier du bar, grommela un vague « Salut ! » et sortit, pour constater aussitôt qu'il avait totalement oublié la petite Mariette. Il s'en voulait de cette halte stupide, enrageait d'avoir relancé Jaouen, sans aucun profit. Quinze heures trente. Pas question de rallier la rue Le-Gonidec : il y broierait à nouveau du noir, et si Rault s'amenait... S'il essayait le cinéma ?

Il remonta en voiture, vint se garer au bas de la rue de Siam, entra à l'Omnia, où l'on jouait *Les Roses du Carmel* avec Brigitte Bardot. La matinée était commencée depuis près d'une heure. Il regarda les robes brunes qui froufroutaient, sans parvenir à s'intégrer au mysticisme ambiant. Bardot en mère supérieure était pourtant bien émouvante. La salle observait un silence religieux. Lui s'ébrouait sur son fauteuil, crevait de chaleur, dépliait et repliait ses longues guiboles dans un état d'exaspération croissante qui le fit lever le siège bruyamment, quelques minutes avant la pluie de roses terminale.

Seize heures vingt. Il remonta la rue de Siam, prit le boulevard Clemenceau, la rue Yves-Collet. Il conduisait lentement, la circulation était très dense. Au niveau des Nouvelles Galeries, remarquant un créneau vide, il y logea la R16, coupa le moteur. Il gagna la rue Jean-Jaurès en longeant le grand magasin, dont il s'attarda à contempler les vitrines. Mais il n'était pas dupe : il savait où il allait, comprenait qu'il avait perdu son pari. Il n'en continuait pas moins à se gargariser de bonnes raisons, il se répétait : rien qu'un coup d'œil, que j'en aie le cœur net avant de rentrer à la maison, et là m'enfermer avec mon bonheur, et n'en plus bouger... D'ailleurs, il ne se passerait rien, la manifestation ne pourrait même pas démarrer : dispersée avant formation, la technique était au point, Jef connaissait. Et ce n'étaient pas les doux effarés de Jaouen...

Il déboucha dans la grande artère centrale. La nuit déjà s'annonçait. Les voitures, qui roulaient au pas, avaient mis leurs veilleuses, réplique vivante aux volutes figées des guirlandes. Les trottoirs grouillaient comme une fourmilière.

Par acquit de conscience, Jef lorgna vers le haut de la rue. Et il les aperçut. Ils descendaient en silence, tenant la moitié droite de la chaussée, sans ordre, un petit groupe compact d'une cinquantaine de personnes. Ils marchaient vite. En quelques instants le cortège fut à la hauteur de Chabert.

En tête, une grande banderole, tendue par deux gaillards robustes : JUSTICE POUR MANOEL. Puis Jaouen en pantalon et blouson noirs, et la masse des hommes mélangés, jeunes et vieux, teintes claires et teintes cuivrées. Derrière, une file de voitures s'était formée, des trompes coléreuses retentissaient. C'était un bel embouteillage, d'autant que les autos qui montaient ralentissaient encore, le chauffeur désirant voir.

Partout des commentaires fusaient :

« Manoel, qui c'est ?

— C'est pas ce type, qui a tué... ?

— Alors qu'est-ce qu'ils veulent ?

— Vous n'avez pas lu le tract ? »

Cinquante personnes, songeait Chabert, il se sera trouvé cinquante bonshommes à Brest pour narguer le M.A.C. Il en était stupéfait, bouleversé. Il se mit à les accompagner sur le trottoir, s'ouvrant un chemin à travers les flâneurs immobilisés, beaucoup encombrés de leurs paquets de fête. Parfois, d'un café, un consommateur émergeait et s'agglutinait à ceux qui regardaient. Un trio de matelots américains hilares siffla, puis poussa des hourras frénétiques en brandissant des bouteilles de champagne.

Ils traduisaient assez bien le sentiment général. Autour de lui Jef notait de la surprise, de la curiosité. Les gens contemplaient une minute ce spectacle baroque, puis retournaient aux choses sérieuses. Ni lâcheté, ni antipathie, l'indifférence suprême.

Tout en jouant des coudes, Chabert scrutait la rue, les voies perpendiculaires. Pas de policiers en tenue, mais les trottoirs devaient être truffés de civils. Et d'ailleurs... Non, c'était trop beau, il y avait un piège agencé quelque part.

La petite cohorte continuait sa descente alerte, sous la lumière des guirlandes, au milieu de la cacophonie des klaxons, car les conducteurs s'étaient pris au jeu et scandaient la marche. Elle arrivait à la place de la Liberté. Elle ralentit, sembla hésiter. Tourné vers ses troupes Jaouen avec de grands gestes signifiait la manœuvre. Les manifestants contournèrent l'hôtel de ville, escaladèrent les degrés d'accès à la terrasse, firent halte devant les hautes baies noires du rez-de-chaussée de la mairie. Jaouen disposait ses fidèles en bon ordre, s'armait d'un mégaphone, discutait au milieu d'un petit groupe. Après un temps de flottement, des badauds suivaient, ils envahissaient les jardins de la place, se pressaient au bas des marches.

Chabert contourna l'hôtel de ville pour jeter un coup d'œil sur les rues du pourtour. Certitude du guet-apens. Aucun car de police n'était visible. Il coupait la rue du Docteur-Le-Noble lorsqu'il entendit la rumeur. Il s'arrêta, mais fut incapable de localiser le bruit. A toute vitesse, il refit le chemin parcouru, déboucha sur la place pour apercevoir les premiers commandos qui traversaient les jardins au pas de gymnastique, casqués, une longue barre au poing, le bras droit entouré d'un bandeau jaune. Des hurlements apeurés s'élevèrent, la foule déjà refluait, s'éparpillait vers les rues avoisinantes.

Sur la terrasse de l'hôtel de ville, on constatait une certaine confusion. Jaouen dit dans le porte-voix quelque chose que Chabert ne comprit pas. Jef effaça d'un saut les deux dernières marches, cria :

« Dispersez-vous ! Vite, vite ! »

Les premiers assaillants investissaient la terrasse. Les barres de fer s'abaissèrent, des plaintes montèrent. Chabert avait perdu de vue Jaouen, il continuait d'avancer, de s'égosiller :

« Dispersez-vous ! »

Mais c'était trop tard. La vermine pullulait déjà sur la plate-forme. Des corps à corps farouches s'engageaient. Aux cris de : « Mort à la racaille ! » les sections du M.A.C. fonçaient, au coude à coude, l'arme haute. Des corps s'abattaient, roulaient sur les escaliers. Un homme passa devant Chabert en titubant, le visage en sang.

Un voile rouge tomba devant les yeux de Jef. Il attrapa une barre qui traînait sur la terrasse et avec de grands moulinets se creusa un chemin. Il aperçut de nouveau Jaouen, adossé à la verrière de la mairie. Il avait saisi les deux hampes de la banderole et tentait de la déployer, bras en croix, dans un grand effort dérisoire. Chabert était à quelques mètres de lui au moment où la détonation retentit. Jaouen s'écroula aussitôt contre la haute porte vitrée.

« Assassins ! »

Jef, la rage au cœur, se mit à cogner à tour de bras. Une bordée de sifflets. Des sous-sols de la mairie un flot d'agents jaillissaient, le bâton levé. Deux grosses pattes ceinturèrent Chabert, lui collant les bras au corps. Il se tortilla, vociféra, se défendit de la tête et des pieds. Une manchette lui écrasa le nez, un maître coup de gourdin à la nuque l'étourdit, tandis qu'un petit vicieux profitant de ce qu'il vacillait lui balançait sa godasse dans les œuvres vives. Il eut un hoquet, tomba sur les genoux, groggy. Des menottes claquèrent. Derrière, un flash grésilla. Vers l'avenue Foch, une ambulance s'annonçait.

31 décembre, 17 h 20.

« Bodart à l'appareil. Monsieur le maire, je tiens à protester avec la plus grande énergie. C'est un véritable abus de confiance ! Il était entendu que le M.A.C...

— Je sais, commissaire. M. Jean est très contrarié. Il m'a donné sa parole qu'il n'avait aucune responsabilité dans les incidents. Le mouvement, entièrement spontané, est parti de la base...

— Vous y croyez ?

— Il le faut bien.

— Le bilan, en tout cas, est brillant ! L'abbé Jaouen...

— Tranquillisez-vous sur ce point. Je viens d'avoir l'hôpital : la balle va être extraite. En principe pas de problème, il s'en tirera. En ce qui concerne l'auteur du coup de feu, on peut tout supposer, y compris qu'il s'agit d'un provocateur. Les volontaires du M.A.C. ne portent pas d'arme à feu, M. Jean me l'a confirmé.

— Ouais... Et tous ces gars qu'on a bouclés, qu'est-ce qu'ils deviennent ?

— Relâchez-les : inutile d'en faire des martyrs !

— Chabert aussi ?

— Quoi, Chabert ?

— Il est du nombre, et pas commode! Un véritable enragé!

— Chabert... Mais qu'est-ce qu'il fichait là?

— Je me le demande.

— Essayez de voir. Vous me tenez au courant, bien entendu.»

17 h 25.

«Monsieur Jean?

— Lui-même.

— Ici le Front Révolutionnaire Armoricain.

— Je vous écoute.

— Nous serons brefs. 1) Manoel Pereira n'a jamais figuré parmi nos membres. 2) Il est étranger à l'exécution du traître Fontange. 3) En conséquence, nous vous sommons de le libérer sur l'heure. Vous en répondrez personnellement. Vous nous avez bien entendu?

— Parfaitement.

— C'est clair: votre vie pour la sienne. A bon entendeur salut!»

17 h 30.

«Vous vous êtes mis dans de sales draps, dit Bodart. Je n'arrive pas à saisir ce que vous fabriquiez avec ces gens-là.»

Bodart était en pleine crise. Les joues grises, luisantes de sueur, il n'essayait même plus de masquer sa souffrance. A chacune des pulsations de son sang, c'était comme si un sadique se fût amusé à saupoudrer de sel sa plaie ouverte, et la douleur fusait comme un geyser, irradiant partout. Il grimaçait, soufflait, se balançait d'un pied sur l'autre, sac de graisse mal arrimé.

En face de lui, lié à son radiateur, Chabert ressemblait à un fauve entravé, et Bodart se félicitait de sa précaution. Jef était furieux : furieux d'être tombé dans la nasse, furieux pour Jaouen, furieux parce qu'en toute hypothèse sa soirée avec Maud était par terre.

« Ces gens-là, comme vous dites, n'avaient que leurs mains nues à opposer à vos tueurs !

— Vous déconnez, mon vieux ! Primo, personne n'a tué : Jaouen n'est pas mort...

— Vous mentez !

— Secundo, qui a tiré ? C'est à voir.

— Salaud !

— Vous aggravez votre cas, Chabert. Franchement, je ne vous comprends pas. Encore une fois, qu'aviez-vous à faire avec la bande à Jaouen ? »

Il était sincère. Chabert jouant les Robin des Bois, non, c'était inouï, grotesque.

« Vous n'avez pas lu la banderole ? Justice pour Manoel, je n'en demande pas davantage.

— Vous ? dit Bodart, incrédule, vous ? Mais pourquoi ?

— Parce que je suis le mieux placé pour savoir que le Portugais n'est pas coupable. Ouvrez bien vos oreilles, Gros-Dard ! »

Le teint du commissaire vira au vert. Ses lèvres battirent à vide, et avant qu'un son n'en sortît, Chabert continuait, dans un grand élan de défi :

« C'est moi qui ai recruté Pereira pour filer Fontange. Vous avez noté ? Moi, Jef Chabert ! »

Il se mit à rire, silencieusement. Avec son nez encrassé de sang coagulé, il était assez effrayant.

« J'exige d'être mis en sa présence immédiatement. Vous avez compris cette fois ? Immédiatement. »

17 h 40.

« Commissaire Bodart ? Hamel. Pourriez-vous

venir? Oui, j'ai besoin de vous voir de toute urgence.

— Ça tombe à pic. Moi aussi j'ai des tas de choses à vous dire.»

17 h 55.

«Madame Chabert?

— Oui, c'est moi.

— Commissaire Rault. Votre mari m'a dit que je vous trouverais chez lui. Je vous téléphone de sa part.

— De la part de Jef? A quel propos?

— Il a été arrêté.

— Quoi?

— A l'issue de la manifestation pour le Portugais. Vous saviez qu'il y participerait?

— Absolument pas. Il devait sortir faire des courses pour ce soir...

— Ce soir?

— Nous réveillonnons ensemble.

— Malheureusement fort improbable.

— Qu'est-ce qu'on lui reproche?

— Beaucoup: rébellion, voies de fait... Et surtout ses rapports avec Pereira. Oui, il a mangé le morceau.

— Je ne comprends pas.

— Enfin, la filature dont il avait chargé le Portugais... vous étiez dans la confidence, oui ou non?

— Oui.

— Vous l'avez pourtant caché. Vous êtes sa complice.

— Il me semble que vous me l'avez déjà dit.

— Rien d'autre à ajouter?

— Si. Vous direz à Jef que je l'attends.»

18 heures.

« La volte-face de Chabert crée une situation radicalement nouvelle », zozota Hamel.

Il resserra fugitivement le nœud de sa cravate club, étendit les mains à plat sur le bureau. Bien qu'il fût préoccupé, il demeurait pondéré, d'une distinction impeccable. Loin de l'abattre la difficulté l'aiguillonnait. Hamel adorait se mouvoir dans ces vastes imbroglios, seules occasions véritablement où un être de sa trempe pût donner la mesure de son génie politique.

« Résumons-nous. Deux constatations doivent, me semble-t-il, nous guider. La première : Pereira a très officiellement déclaré avoir exécuté Fontange. La deuxième : Chabert reconnaît qu'il était le complice du Portugais. Il avoue donc par le fait être l'assassin de sa sœur...

— Attention ! intervint Bodart, qui s'épongeait le front. Chabert n'a rien avoué de tel ! »

D'une imperceptible pichenette, Hamel volatilisa l'objection :

« Déduction raisonnable, et j'ajouterai : très saine, puisqu'elle recoupe la morale. Hier insignifiant, l'homme est devenu depuis une heure socialement néfaste. Il faut l'abattre ! »

La langue claqua finement, pendant que sur le sous-main les doigts aristocratiques commençaient à feuilleter d'imaginaires fiches.

Bodart eut un élan vertueux :

« Pardon, monsieur le maire, je vous suis assez mal. Que Chabert ait trempé dans le coup, je le conçois. L'enquête nous le confirmera. Mais comment gommer Fontange ? Les présomptions qui pèsent sur lui sont loin d'être négligeables. Nous n'avons pas le droit...

— Nous n'avons surtout pas le choix ! » interrompit Hamel.

Ses lèvres s'étirèrent en un sourire ambigu.

« Vous ne me paraissez pas, mon cher commissaire, avoir une pleine conscience de la situation : elle est explosive ! J'ai écouté avec beaucoup d'intérêt votre thèse, ou si vous préférez celle de votre adjoint, concernant une possible participation de Fontange au crime. Mais alors, le F.R.A. ? Vous éliminez donc le F.R.A., qui très explicitement a endossé le double assassinat ? Il y a plus grave. Réfléchissez. »

Nouveau clapotis de langue. Les lèvres s'effilèrent jusqu'à n'être plus qu'un trait blême.

« Si Fontange a tué sa femme, Pereira est une victime. Et c'est nous qui portons le chapeau ! C'est la seule alternative : nous tous ! moi, M. Jean, vous-même...

— Pourquoi moi ? Je n'ai fait qu'exécuter les ordres !

— Quels ordres ? Soyons sérieux ! Dans l'exercice souverain de vos responsabilités, vous n'étiez pas obligé de déférer à quelque injonction que ce fût. Aussi bien nul ne s'y est risqué.

— Je détiens la décharge signée du chef du M.A.C. ! »

Hamel agita doucement l'index en manière de dénégation :

« Elle ne présentait aucun caractère contraignant. Relisez-la. M. Jean y exprime le souhait de poser quelques questions au suspect. Un souhait, monsieur le commissaire principal, rien de plus ! »

Bodart reprit son mouchoir. Il se sentait piégé, perdu, confronté à des forces énormes qui, immanquablement, allaient l'écraser. Rivés sur lui, les yeux gris du maire. Mais Hamel à nouveau souriait, la belle voix aux sonorités d'airain reprenait, cordiale :

« Nous sommes condamnés à rester solidaires. Pas de scrupules intempestifs : il se trouve que notre intérêt coïncide avec celui de l'État. Pereira est mort, nous le déplorons tous. Mais qu'au moins cette mort soit utile. Il en est de même pour Chabert. Nécessité fait foi: servons-nous de lui.

— Chabert n'avouera jamais», dit Bodart.

Il s'était recroquevillé sur son mal, sur sa frousse et ne se battait plus. Le maire ouvrit son coffret de cigares, l'avança vers le commissaire, qui déclina l'offre d'un mouvement de tête.

«Pourquoi vouloir à tout prix des aveux? Nous avons vu où cela peut conduire...»

Il prépara savamment son havane, l'alluma.

«Si nous disposions de preuves, de bonnes preuves solides, irréfutables...»

Il disparut derrière un rideau bleu:

«Vous allez naturellement perquisitionner chez Chabert?»

Bodart traversa l'appartement en coup de vent et pénétra dans la salle de bain, où depuis une bonne heure Mme Bodart se bichonnait devant son miroir, en vue de la grande réception de l'amiral. Il ouvrit l'armoire de toilette, absorba une triple dose de cachets antidouleur et, drapeau bas, enfourcha le bidet conjugal, sur lequel il s'enduisit copieusement de baumes et onguents adéquats.

«Ça ne va pas, mon chou? minauda Mme Bodart qui, le stick aux doigts, veloutait ses paupières de mauve d'Orient.

— Ça ira», dit Bodart stoïquement.

Il se cuirassa d'une garniture *ad hoc*, se releva, se rajusta.

«Tu ressors?»

La face de Bodart s'assombrit:

« Un petit boulot à terminer. Sois tranquille : je t'accompagnerai au Cercle. A tout de suite ! »

Il repartit aussitôt, dûment calfaté et le jarret déjà plus léger.

Un peu avant vingt et une heures, un quarteron de policiers, dont le commissaire principal en personne, se présentaient devant le pavillon de la rue Le-Gonidec. Bodart était en possession d'un mandat officiel délivré une demi-heure plus tôt par le juge Patoiseau.

La maison était vide (Maud venait juste de s'absenter), et l'on dut taquiner la serrure à l'aide d'un passe.

« Allez-y, les enfants, dit Bodart. Passez-moi ça au peigne fin ! »

Avec enthousiasme, les trois limiers investirent le théâtre des opérations, qui retentit bientôt du fracas joyeux des meubles forcés, des tiroirs projetés au sol, de la vaisselle chahutée et autres bruits guerriers. Bionetti, qui avait pris en charge la chambre de Chabert, après avoir vidé l'armoire, déshabillé le lit, dépiauté le matelas, conduisait avec zèle son canif au milieu de la bonne laine cardée. Dans le séjour, Le Gall avait désossé le vieux téléviseur, dévissé tout ce qui était dévissable dans la chaîne Hi-Fi, couché le sapin et allégé les deux pots Riviera de leurs plantes vertes. Il s'apprêtait à soulever les lames du parquet, mais Bodart tempéra son ardeur :

« Pas ça, fils ! On n'est pas des vandales ! »

Il assistait à cette fièvre avec une volupté torturée. « Gros-Dard, se répétait-il, il a osé m'appeler Gros-Dard ! » Il entra dans la cuisine, où Guennec fonctionnait dans un capharnaüm impressionnant. Le benjamin Guennec, qui avait voici peu effectué un stage dans le Massachusetts, au Symposium international de lutte contre la subversion, découpait les boîtes de conserve au couteau électrique. Le dallage était recouvert d'une boue gluante, où l'on discernait plusieurs types de haricots, des filets de maquereaux et des traces de bûche de Noël. Étalée dans cette lave, cul par-dessus tête, il y avait une cage rouillée : deux infortunés volatiles y pépiaient lamentablement.

Bodart s'approcha en posant ses semelles avec précaution, et remit la cage sur pied. Il sifflota :

« Pauvres loupiots ! »

Guennec détacha le nez de sa boîte d'extra-fins, surpris par cette générosité.

« Tu peux rengainer ton instrument, dit Bodart. Il n'y a pas de raison de gâcher les victuailles. »

Il répéta :

« On n'est pas des vandales ! »

S'éloigna, manqua heurter Bionetti qui jaillissait de la chambre :

« Visez un peu, patron, ce que j'ai trouvé dans la piaule. »

Il tendit deux livres à Bodart, qui fit : « Pop ! pop ! pop ! » en apercevant les couvertures où s'étalaient des beautés dénudées en chromo.

« Il s'embêtait pas, le gus, dit Bionetti. Qu'est-ce qu'on en fait ? Ça peut servir, vous croyez ?

— Et comment ! dit Bodart. Mets-les à gauche. »

Il aurait préféré Mao, voire Jean-Paul Sartre, mais le bouquin porno aussi pouvait être utilisé contre Chabert. Dans le cadre de son effort d'assainissement moral, Chopinet traquait l'érotisme. Les cinq sex-shops de la ville avaient été fermés dès les premières semaines du nouveau régime, et le Vox, le ciné cochon brestois, avait dû se reconvertir dans la matinée pour enfants.

« Il y a des tas de livres, dit Bionetti. Si vous désirez jeter un coup d'œil...

— Tout à l'heure.

— Je voulais vous demander, patron...

— Oui ?
— Qu'est-ce qu'on cherche ?
— Tout », dit Bodart sombrement.

22 heures.

« Je n'en espérais pas tant, dit Bodart. Ça tient du miracle ! »

Il paraissait délivré, rajeuni.

Rault abaissa le col de son pardessus et ôta ses gants : il venait de dîner et rejoignait son bureau quand Bodart l'avait intercepté. Il saisit avec des précautions de chat les lunettes que lui tendait Bodart et les examina, lèvres serrées.

« Voici le fragment relevé sur le tapis-brosse de la Mercedes : le labo vient de nous le retourner. Contrôlez vous-même. »

Rault encastra le triangle vert bouteille dans l'échancrure, constata qu'il s'y ajustait parfaitement.

« Qui les a découvertes ? »

Il n'essayait pas de dissimuler sa méfiance.

« Bionetti. Il est tombé dessus en délogeant des bouquins dans la chambre de Chabert...

— Et Chabert, qu'est-ce qu'il en dit ?

— Bien entendu, il nie qu'elles lui appartiennent ! Il ne s'explique pas leur présence chez lui, enfin, vous voyez... »

Rault releva les yeux, dit, agressif :

« Qu'elles lui appartiennent ? Pourquoi pas à Fontange ? »

Bodart sourit :

« On ne vous reprochera pas de manquer d'opiniâtreté !

— Disons que les élucubrations d'Hamel ne me tiennent pas forcément lieu de pensée personnelle. Les faits accablent Fontange ! »

Le sourire resta accroché aux lèvres de Bodart, mais ses yeux n'étaient plus que deux sillons de glace.

« J'ai assez souvent, Rault, apprécié ladite pensée personnelle pour m'étonner qu'elle soit si gravement en défaut ! Je n'entre pas dans le détail, mais... Voyons, Rault. Que Chabert, son coup exécuté, ait négligé de se défaire de ses propres lunettes, c'est léger, fort imprudent, à la limite de la crédibilité, je vous l'accorde. Mais que penser alors, si les verres appartiennent à Fontange et que son assassin les ait emportés — pourquoi ? — et remisés en bonne place chez lui, comme une relique ? »

Rault demeura court. Il fouilla la face réjouie de son supérieur. Trop réjouie. Qu'est-ce qu'il lui dissimulait ? Qu'est-ce qu'il avait fricoté tout à l'heure avec Hamel ? Les lunettes tombaient bien à pic... A pic pour enfoncer Chabert ! Un miracle, comme disait Bodart. Quant au beau-frère...

« Si je comprends bien, Fontange est devenu intouchable ?

— Pop ! pop ! pop ! dit Bodart. Vous extravaguez, mon cher ! »

Il bomba le torse :

« Nul n'est intouchable au regard de la loi ! Mais il y a les faits... ces faits que vous invoquiez justement tout à l'heure ! Eh bien, félicitons-nous qu'en l'occurence ils s'accordent avec l'intérêt général !

— Je hais l'intérêt général, dit Rault sèchement.

— Et moi, je ne me lasserai jamais de vos paradoxes ! » ricana Bodart.

Rault lui tourna le dos, gagna lentement la porte.

« C'est Fitament qui l'interroge ? Je vais le relayer.

— A votre aise. »

Rault observait Chabert attaché sur sa chaise de fer. Pourquoi depuis quelques heures avait-il si mauvaise conscience? Peut-être parce que la danse du scalp avait commencé. L'intérêt général! Quand on s'en prévalait, n'était-ce pas, bien souvent, qu'on en était déjà à étrangler la justice? Tout désormais allait accabler Chabert... Ce Chabert qu'il avait si puissamment contribué à perdre, lui, Rault! Comme Pereira. Quelle ironie! Il aurait été en fin de compte le plus efficace rabatteur de M. Jean!

« Vous êtes coincé, Chabert. Il serait quand même temps de lâcher du lest. »

Chabert ricana:

« Je sais. Entre vos pattes, ma cote avoisine zéro!

— Ça dépend de vous.

— Vous fatiguez pas: j'ai moi-même été cogne, je connais la romance. Mais vous avez fait des progrès: pour le truquage, chapeau! »

Rault se rapprocha.

« Je ne suis pas votre ennemi, Chabert. Pourquoi ne pas m'accorder un minimum de confiance? Pas certain que vous ayez encore le loisir de vous exprimer librement...

— Librement? » fit Chabert.

Du menton, il désignait son poignet enchaîné. Rault sortit, revint aussitôt. Il verrouilla la porte, décadenassa les menottes.

« Racontez-moi tout. »

Chabert le regardait en se frottant le poignet.

« Qu'est devenu Manoel?

— Manoel et mort, dit Rault. Il s'est suicidé dans les locaux du M.A.C. après être passé aux aveux.

— Mort! dit Chabert. Vous l'avez assassiné!

Comme Gadona ! Comme Jaouen ! Et moi aussi, vous allez me liquider !

— Jaouen n'est que blessé, je vous en donne ma parole. Quant aux autres... Oubliez-les, Chabert. Il s'agit de vous à présent, de votre seule peau. Je vous le répète : je peux vous aider. »

Il attira le deuxième siège, s'assit en face de Jef.

« Parlez-moi de cette soirée de décembre où tout a commencé... de votre soirée, Chabert. Vous nous avez toujours caché une bonne part de la vérité. Votre alibi, je n'y ai jamais vraiment cru. Je me trompe ? »

Chabert haussa les épaules. Bien sûr, il allait tout lui dire. Il s'étonnait d'avoir pu si longtemps être si pusillanime. Il avait dépassé le stade des petites précautions, des petites tricheries. Comme tout cela lui paraissait lointain, irréel ! D'ailleurs, qu'est-ce qu'il risquait maintenant ?

« C'est vrai. Ce soir-là, en quittant le port, je suis rentré chez moi. Après, je me suis rendu à la villa... »

Il ne laissa rien dans l'ombre, pas même ce larcin pratiqué sans pudeur à quelques mètres du cadavre de sa sœur et qu'il n'arrivait pas encore à regretter. Il parlait d'une voix égale, sans passion, sans désir de se blanchir. Il sentait bien que Rault était sincère, qu'il s'efforçait de lui venir en aide, et en même temps qu'il savait que la tentative du policier ne servirait à rien. Il n'arrêtait pas de penser à Manoel. « Ils l'ont tué... et puis Gadona. Ça va être mon tour. » Et déjà son esprit travaillait, travaillait... « Ne pas moisir ici. Sinon, c'est la cave du M.A.C. Bodart me livrera à lui, comme il a livré Manoel. »

Il avait terminé. Rault lui posait quelques questions, lui faisait préciser certains points. Puis il se levait :

« Chabert, vous vous êtes conduit comme un

enfant de chœur ! Je crains qu'on trouve dans vos aveux tardifs plus de prétextes à vous condamner qu'à vous absoudre. Malheureusement, vous le comprendrez, je ne puis pas garder tout cela pour moi. »

C'était presque comme s'il s'excusait, et Chabert sourit :

« Au point où j'en suis... »

Rault marcha vers la porte, et au moment de tourner la clef :

« Chabert, est-ce que vous avez tué votre sœur ?

— Je n'ai tué personne, vous le savez très bien. »

Bodart, à qui il résumait ce qu'il venait d'apprendre, n'en fut pas le moins du monde ébranlé :

« La ficelle est grosse ! Chabert se sait perdu. Il fabule, mêlant sans doute le vrai et le faux pour noyer le poisson et gagner du temps.

— Je vais essayer de revoir sa femme. Elle aussi a menti. »

Bodart dit : « Faites donc », avec une expression ennuyée. Il consulta sa montre :

« Je serai absent une petite heure. Oui, il faut que je fasse un saut au cercle naval : pas moyen d'esquiver la corvée ! Vous saurez où me toucher. »

Rault descendit au rez-de-chaussée. Le hall retentissait d'un brouhaha de voix haut perchées. Ils étaient là une demi-douzaine d'agents, faisant cercle autour de Lapointe, le comique de la bande, pauvres roussins cloués à l'étable, un peu gais, un peu gris, qui attendaient l'an neuf en se régalant des toutes dernières du *Petit Vermot illustré*.

« Alors, dit Lapointe, le moutard appelle le paysan : "Papa, le cheval a le gros ventre ! — Lequel ? — Celui qu'est pas pareil à l'autre !" Et bourres de rigoler avec bourrades et meuglements divers.

— Très drôle », dit Rault qui passait.

Dehors, il fit quelques pas dans la rue Colbert. Deux motards rentraient ; ils levèrent le bras :

« Bonsoir, commissaire. »

Rault hocha la tête. Sur le trottoir, un couple se hâtait. Une queue bourdonnante serpentait aux portes d'un dancing, dont les ampoules battaient la mesure. Derrière la fenêtre d'un immeuble, une guirlande jetait son chapelet de flashes asymétriques. Là-bas, il distinguait les nouveaux bâtiments du Cercle, des dizaines de baies flamboyantes. Au bout de la rue, des voitures s'immobilisaient, d'où jaillissaient uniformes et toilettes, carapaces fauves sur robes pailletées froufroutant au ras des escarpins dorés. La nuit la plus longue venait de commencer... Rault songeait à Chabert sur sa chaise de métal, à Manoel aussi, dont le corps martyrisé pourrissait quelque part... Il revint vers la voiture, entendit les éclats de voix des agents. « Celui qu'est pas pareil à l'autre. » Ses doigts étreignirent la poignée de la commerciale. Le mot de Lapointe, quelques minutes plus tôt, l'avait très vaguement amusé. Pourquoi, à cet instant, lui faisait-il palpiter le cœur ? Pourquoi l'associait-il à Chabert ? à Chabert et à sa femme ? Il n'y avait qu'un lien entre les deux pôles, si mince ! celui de l'évidence. Cette évidence qui, tantôt, par sa naïveté, déclenche notre rire, tantôt nous crève la vue, et nous demeurons aveugles ou bien nous n'en apercevons qu'une face... Rault s'engouffra dans la voiture.

22 h 45.

« Voyez ce qu'ils ont fait ! »

Les traces de la tornade subsistaient partout. Démantelée, la chaîne haute-fidélité ressemblait à un immense jeu de meccano et le sapin que Maud avait remis d'aplomb exhibait ses boules déchiquetées aux orbites noires. Le parquet était saupoudré de paillettes de verre coloré qui crépitaient sous les pas.

Elle avait pourtant travaillé, nettoyé, pansé les plaies les plus criantes. Il y avait du gui et du houx accrochés aux angles, cravatés de nœuds de tissu rouge. Sur le buffet, ce qu'elle avait pu sauver du désastre : des huîtres, un plat de charcuterie, du champagne. Il était déjà près de vingt-trois heures, et elle semblait l'attendre encore, finement maquillée et parfumée, moulée dans une très élégante robe de soirée bleu nuit qui lui dénudait le dos et les épaules et soulignait le dessin de sa gorge ronde.

« On va le relâcher ?

— J'en doute, dit Rault. La perquisition a permis de faire dans sa chambre une découverte qui risque de lui coûter cher.

— Quoi donc ?

— Des lunettes... de grosses lunettes de soleil à la monture marron veiné, aux verres couleur bouteille. Ça vous dit quelque chose ? »

Elle fit non, quel intérêt ?

« Considérable. Mais ce n'est pas ce qui m'amène. »

Il se posta devant elle, si près qu'il pouvait discerner le grain délicat de ses épaules.

« Vous vous êtes bien payé ma tête tous les deux, hein ?

— Expliquez-vous.

— Votre mari s'est enfin décidé à parler. Son alibi, oui, son très médiocre alibi, c'est bien vous qui le lui avez soufflé ?

— En effet.

— Savez-vous que je pourrais vous faire embarquer ? »

Elle esquissa un sourire hautain :

« Vous vous imaginez sans doute me faire peur ? »

Il la fixa intensément :

« Il faut être deux, pour construire un alibi... »

Elle soutint son regard :

« C'est une énigme ?

— C'est peut-être la fin d'une énigme. Dites-moi, madame Chabert, cet alibi... »

Il s'arrêta : le téléphone graillonnait dans la cuisine. Maud dit, excusez-moi, s'en fut répondre :

« Allô, oui ? En effet... »

Elle revint :

« C'est pour vous.

— Allô ? »

Une sorte de barrissement au bout du fil :

« Bodart. Compliments, Rault ! Chabert a pris la tangente !

— Comment ?

— Il a assommé Fitament qui essayait de lui repasser les bracelets, lui a piqué son feu, a réussi à sauter par l'une des fenêtres du couloir. Rentrez tout de suite. Je vous attends. »

Rault reposa l'appareil, adressa à Maud qui s'immobilisait dans l'encadrement un regard navré :

« Le con, dit-il. Le pauvre con ! »

Vers 22 h 50.

Chabert était tapi à une cinquantaine de mètres du commissariat central, entre les autos du parking. Sur la rue Colbert des voitures de police sans arrêt passaient, les lourdes Honda des motards rugissaient. La nuit était traversée d'ordres martiaux et de roulades. Aux balcons des immeubles, des gens en toilette se penchaient, ils discutaient, comptaient les points. Partie du commissariat, une phalange de tueurs d'élite remontait vers la rue du Château, mitraillettes aux poings, déployée en tirailleurs. Bodart avait gueulé : Ratissez ! Ils ratissaient, attentifs à garder la distance réglementaire des six mètres, lentement, pesamment. Ils atteignirent le parking.

S'il ne bougeait pas, Chabert n'avait aucune chance de leur échapper. Il rampa entre les voitures. Sa cheville droite le faisait souffrir : il avait dû se froisser un nerf en se recevant sur le toit du car de police. Près de quatre mètres de chute libre : il s'en tirait bien. Il était parvenu à la lisière sud du parking. A main gauche, l'escalier d'accès au Palais des Arts, au sommet duquel un agent s'était placé en sentinelle ; à sa droite, la rue Colbert : il n'y ferait pas deux pas sans être harponné ou abattu. Pas d'autre ressource que de foncer droit devant lui, c'est-à-dire vers la nouvelle annexe du cercle naval. L'homme, là-haut, lui tournait le dos. Jef se ramassa, bondit. Traînant la patte, il franchit la piste de pourtour, aboutit à une zone d'ombre relative. Un appel, tout proche. L'agent dévalait l'escalier et tourné vers le parking agitait sa mitraillette. L'avait-il aperçu ? Il sembla à Chabert que la ligne d'assaut accélérait l'allure.

Il avança, poussa une porte, la referma. Il dut tâtonner dans une obscurité qui sentait la peinture et le mastic avant que la pointe de sa chaussure ne heurtât l'arête dentée d'un escalier de ciment. Il escalada la pente raide en s'aidant de la main courante en tube métallique, atteignit une porte, qui ne résista pas quand il appuya sur le bec-de-cane. Un corridor interminable, badigeonné de frais, nu comme un couloir d'hôpital. Personne. Il s'y aventura, rencontra un deuxième escalier, éclairé celui-là. Les flons-flons d'un orchestre lui parvenaient, une rumeur humaine. La porte était entrebâillée. Il s'introduisit dans l'échancrure, se trouva à l'extrémité d'une vaste plate-forme illuminée, ceinturée d'une balustrade de marbre à laquelle aboutissait un escalier monumental bordé d'une double haie de plantes d'ornement. Sur les marches courait un tapis pourpre tendu par des baguettes dorées. Tout en bas, c'était le grand hall de réception, où des plantons en tenue de parade montaient la garde, cependant qu'un officier chamarré faisait des ronds de jambe devant les derniers arrivés, un couple d'âge (collier d'or à triple rang et triples bajoues dégringolant à l'envi), fleuron évident de la gentry brestoise. Impossible d'utiliser cette voie. Chabert attendit que le couple eût accédé à la terrasse. Il le laissa passer, le rejoignit en rasant la muraille, alors qu'il se présentait à la double porte d'entrée aux nouveaux salons. Il lui emboîta le pas et aboutit dans son sillage à une très spacieuse galerie en croissant de lune, où une foule bigarrée papotait en buvant du champagne et croquant des petits fours, sous les feux croisés de deux somptueux lustres de cristal.

Un serveur passait, Jef le délesta d'une coupe et s'inséra parmi les invités. La réception de l'amiral tenait ses promesses. L'assistance était de premier choix. Deux marines brillantes rassemblées en un coude à coude fraternel, avec les sommités locales du barreau, de l'université et du commerce, avec les princes du béton banché et les gloires de la charcuterie de luxe! Éclat des robes arachnéennes et des bijoux coruscants comme des firmaments! Et toutes ces décorations étalées sur le drap sombre des poitrines mâles! Jamais Chabert n'avait vu une telle concentration d'héroïsme au mètre carré. Partout, c'était talons claqués et «Mes hommages Madame!» et dos cassés, lèvres baisant d'adorables doigts fuselés. Partout sourires raffinés, propos du bon faiseur, parmi lesquels seul parfois détonait le rire d'un gradé yankee s'empêtrant dans ses congratulations.

Boitant bas, Chabert progressait entre les groupes. Il avait intérêt à ne pas trop s'attarder ici. Déjà il avait surpris plus d'un regard intrigué ou réprobateur. Et il était trop certain qu'avec sa tignasse hirsute, les traces de sang hâtivement essuyées à ses narines, son complet d'usage couronné de poussière aux genoux et dont la poche de veston droite était toute bosselée par le pistolet subtilisé à son nigaud d'ange gardien, il était comme le loup blanc. Il était déjà venu au Cercle, mais il se rappelait mal la disposition des lieux, au reste sensiblement remodelés depuis la toute récente restauration. Pourtant cette étroite porte au bout de la galerie, par où des serveurs passaient sans cesse, donnait certainement sur l'office. Il s'agissait d'y accéder assez discrètement pour que...

A ce moment, il vit Bodart. Il venait d'arriver et s'expliquait de la voix et du geste avec un galonné qui écoutait, la mine ennuyée, en se grattant le menton. Derrière lui, plusieurs malabars en imperméable triste, dont les yeux torves parcouraient la foule.

Chabert pressa le mouvement. Il n'était plus très éloigné de la porte quand un cri s'éleva, dominant le brouhaha :

« Là-bas ! »

C'était pour lui. Chabert fit volte-face. Le pistolet atterrit dans sa paume et sans hésiter il visa l'un des lustres, appuya deux fois sur la détente. Tonnerre, fracas du verre éclaté, ululements hystériques. Belles dames qui se repliaient dans leurs corolles, évanouies. Bravement, des enseignes levaient le sabre et cherchaient l'ennemi, la mâchoire altière.

Chabert avait déjà passé la porte, il bousculait un garçon qui s'offrait avec son plateau garni, se propulsait dans un escalier dont il dévalait les marches quatre à quatre, atterrissait dans le hall. Il le traversa comme une fusée, tandis que dans son dos les vociférations : « Arrêtez-le ! » se succédaient. Il esquiva le trois-galons dodu qui écartait les bras et lui enjoignait : « Halte ! » élimina d'un uppercut le factionnaire qui se portait sans conviction au sacrifice, déboula l'escalier extérieur, traversa la rue du Château.

Une grosse Citroën noire stationnait en face du Cercle. Le chauffeur, un pompon-rouge, s'était assoupi au volant. Chabert contourna l'automobile, sauta à la place du passager, colla le canon de son arme sur la tempe du mataf :

« File ! »

Il obtempéra, les yeux blancs et la lèvre baveuse. Jef se glissa sous le volant, mit le moteur en route.

Une rafale gicla de l'entrée du Cercle et fit voler la glace latérale arrière. A nouveau, Jef pointa son arme et tira à l'estime. Un corps s'abattit, roula le long des degrés de la terrasse.

Chabert avait libéré les gaz. La grosse cylindrée s'arrachait avec un grognement gourmand, bondissait juste à l'instant où une seconde salve éclatait. La voiture fit une embardée. Jef poussa un cri de douleur, jura : une balle lui avait fracassé l'épaule gauche dans un concert de tôle transpercée et de verre pulvérisé. Il serra les dents, redressa, brûla le feu rouge de l'avenue Clemenceau, vira sec sur sa droite, dérapa de plus belle, car il ne pouvait contrôler le volant que d'une main. Il rétablit in extremis la Citroën sur sa trajectoire. D'un cheveu, il évita un taxi qui débouchait du boulevard Gambetta, accéléra. Coup d'œil dans le rétroviseur, au moment où il se présentait à la hauteur de la gare : un phare sautillait au ras du sol ; des aboiements rageurs s'élevaient derrière. La chasse commençait. Jef écrasa la pédale. La Citroën voracement se projeta dans la descente. Là-bas, les lucioles des navires, le pointillage capricieux des becs de néon. Le port... le dernier, l'instinctif refuge ! Son bras gauche pendait, inerte. Mais Jef ne sentait même pas son mal. Il pensait à Manoel, et à Maud qui l'attendait. Il n'espérait plus rien, il n'avait qu'une certitude : ils ne le prendraient pas vivant. Il n'apercevait plus ses poursuivants. Sans doute était-ce dû au profil tortueux de l'avenue Salaün-Penquer. Les sirènes aussi paraissaient très lointaines. Il les aurait semés ?

Il prit sur deux roues l'épingle à cheveux de la rampe du port, qu'il descendit à tombeau ouvert. Et comme les pneus de la Citroën écrasaient le ciment du premier quai, les klaxons de nouveau, derrière, aboyèrent dans la nuit.

23 h 10.

« La Citroën a été découverte abandonnée à quelques mètres de la Forme de Radoub n° 1. Chabert est blessé : il y avait du sang plein le siège. Le fumier ! La propre voiture de l'amiral ! »

Bodart s'était installé aux commandes de l'émetteur-récepteur, grâce auquel il se tenait en liaison permanente avec les voitures-radio qui patrouillaient à travers la ville. Au tableau de bord, sans cesse, des lampes clignotaient. Il appuya sur une touche, écouta, jeta une consigne. Puis il desserra le nœud de cravate de soie grise, marbrée de transpiration.

« Il ne peut aller loin : les voies d'accès au port sont toutes bloquées. J'ai donné l'ordre de tirer à vue. Nos gars sont prévenus : Chabert est un tueur ! »

Il se rengorgea, attendit la réplique de son adjoint. Rault observait, fasciné, les bajoues vineuses, les petits yeux jaunes striés de filets de sang. Un tueur ! Le plus triste était que Bodart le pensait, et il eût été scandalisé si Rault lui avait rétorqué que le tueur, c'était peut-être monsieur le commissaire principal en personne.

Un grésillement. Bodart décrochait un combiné, marmonnait, oui, lui-même, et demeurait muet, comme écrasé. Il reposa l'appareil très lentement.

« C'est l'hôpital. Abguillerm vient de mourir. Il laisse deux gosses, une femme presque impotente. »

Un silence. Bodart releva le front.

« Vous n'auriez jamais dû lui enlever ses menottes, Rault. Je savais ce que je faisais. Voyez le résultat !

— Je suis désolé pour Abguillerm », dit Rault.

Les rubis, entre les paupières congestionnées, flamboyèrent :

« Vous aurez à répondre de votre négligence, je vous en avertis. Et quand je dis : négligence, pop ! pop ! pop !... »

Les lèvres se tendirent en un retroussis féroce, le menton s'effaça, la tête parut s'aplatir, s'enfoncer dans la collerette des fanons. Rault depuis quelques minutes luttait contre un prurit irraisonné d'étendre la main et de fesser cette boursouflure.

« Je suppose que vous ne désirez pas utiliser mes services ce soir ?

— En effet. Je regrette, Rault, mais vous ne pouvez plus rien pour votre ami Chabert. »

Rault quitta la pièce sans ajouter un mot. La pendule électrique du corridor marquait vingt-trois heures quinze. Le commissariat était en effervescence : les couloirs vibraient, des portes claquaient, des galopades ébranlaient les escaliers. La nouvelle de la mort de l'inspecteur abattu devant le Cercle, venait de tomber, semant la consternation, et déchaînant la haine. Un homme — bien pis : un ancien du sérail — avait commis le crime inexpiable : l'exécution d'un membre du clan. Il allait payer. La chasse à l'homme devenait guerre sainte, pieuse vendetta. Sus au maudit, au renégat ! Un groupe fusa du bureau des inspecteurs comme Rault passait, faillit le tamponner. Il reconnut Vazel et Bionetti. Ils grommelèrent un vague « Pardon », s'éloignèrent au pas de course.

Rault pénétra dans son bureau. Il s'arrêta devant la table de travail, songea, je vais écrire ma lettre de démission. Il anticipait à peine. Déjà, il était sur la touche, on se passait de lui pour la mise à mort.

« Vous ne pouvez plus rien pour votre ami Chabert. »

Il appuya son front à la vitre, regarda les feux follets jaunes qui se croisaient dans la cour du commissariat. Il se sentait fatigué, vidé, inutile. Sur tous les tableaux il avait échoué. Sa présence aux côtés de Bodart n'avait porté chance ni à Manoel ni à Chabert. Tout au contraire. Et on lui imputerait, très logiquement, la mort d'Abguillerm. Il savait ce qui allait suivre : la commission spéciale de discipline, le blâme, au mieux le déplacement d'office, au pis...

« Et quand je dis votre négligence... Votre ami Chabert... »

Il se détacha de la fenêtre. C'était quand même trop bête ! Alors qu'il entrevoyait le but ! Bodart avait raison : il ne pouvait plus sauver Chabert. Mais la vérité ? Cette pauvre vérité si malmenée, si oubliée... Pour elle aussi, est-ce qu'il était trop tard ?

Il alluma un cigarillo, réfléchit. Dehors, les appels des klaxons, innombrables, trouaient la nuit. Comme d'une hydre écumante dont les cent gueules hurlaient à la mort.

Et pourtant quelque part, toute timide, toute frêle, Rault se disait que la justice aussi était en marche.

Il décrocha le téléphone.

Vers 23 h 30.

Maud entrebâilla légèrement les volets de la cuisine. La commerciale noire avait quitté sa faction, à l'entrée de la rue François-Rivière. Cela ne prouvait rien, bien sûr. Ils avaient peut-être simplement déplacé l'affût. Les trompes des voitures de police semblaient s'espacer. Ils l'auraient déjà pris ? Elle referma les volets et fenêtres, ralluma le lustre de la salle, cueillit sur le buffet un biscuit qu'elle croqua distraitement.

A côté, dans le pavillon mitoyen, le chahut continuait. Ils devaient bien être une quinzaine à festoyer. Maud distinguait les hennissements de l'électrophone poussé à fond, des rires inextinguibles et parfois le glapissement d'une femme que l'alcool émoustillait. Dernières minutes de l'année. A la même heure, dans tous les immeubles brestois, ceux des quartiers chics du centre aussi bien que les tristes dortoirs de la périphérie, des scènes identiques se passaient. Un homme, seul dans la ville, luttait contre la meute découplée. Mais qui se souciait de lui ? Tous avaient entendu le raffut des voitures de police. Des fenêtres s'étaient ouvertes, des hommes s'étaient penchés, avaient échangé leurs impressions. On avait évoqué l'échauffourée sur les marches de l'hôtel de ville, la fusillade du cercle naval. Derrière, des femmes aux épaules nues avaient frissonné :

« La fenêtre ! On gèle ! »

Et on s'était calfeutré de plus belle, on s'était fait un peu plus chaud au corps et au cœur, tous ensemble, on avait rayé la rue et ses tragédies...

Maud sursauta. Le carillon de la porte venait de pousser son bêlement nasillard. Un peu crispée, elle marcha vers la cuisine. Chabert... Il avait réussi à passer entre les mailles ; l'hypothèse de Rault au téléphone s'avérait donc exacte. Elle entra dans la véranda, déverrouilla la porte. Elle distinguait mal les traits de l'homme qui se tenait sur la petite terrasse, mais ce n'était pas Jef.

« Je viens de la part de votre mari. »

Il haletait. Par-dessus son épaule, il lorgna vers le jardinet. Une voiture montait la rue Sémard, s'éloignait en direction de Poul-Ar-Bachet.

« Il faut que je vous parle.

— Entrez. »

Il la suivit jusqu'au séjour. Elle ne le connaissait pas. Petit, émacié, des yeux perçants, un nez d'oiseau de proie, il était enveloppé d'un long caban gris souris et avait la tête enserrée dans un passe-montagne en grosse laine bleue, qui ne laissait apparaître sur le front que deux virgules de cheveux très noirs, collés par la sueur.

« Où est Jef ?

— A l'abri. Il a tenu à vous tranquilliser.

— Dites-moi la vérité. Il est grièvement blessé ? Le commissaire Rault m'a dit...

— Rault ? »

L'homme riboula des yeux, comme effrayé :

« Vous avez vu Rault ?

— Non, il m'a téléphoné.

— Méfiez-vous de lui ! De lui comme de tous les autres... Oui, votre mari est blessé, mais rien de grave. Seulement, il a perdu beaucoup de sang.

Rassurez-vous : un médecin de notre équipe l'examine. Il est chez moi. »

Ses yeux noirs balayèrent la pièce, comme si un policier avait pu s'y trouver embusqué sous quelque meuble. Il avait l'expression passionnée et circonspecte de ceux qui gravitent dans la clandestinité et sont porteurs de dangereux secrets. La voix se fit murmure :

« Au 297, rue de Verdun. Je suis un ami du père Jaouen. Dès que ça se sera un peu tassé, on avisera au meilleur moyen de lui faire quitter la ville. »

Une salve d'applaudissements chez les voisins réveillonneurs lui arracha une crispation inquiète.

« Je me sauve. Il ne faudrait pas que les flics me cravatent chez vous ! Pour le moment ça va, ils sont tous cantonnés au port. »

A la porte, il dit encore :

« Je ne vous ai pas téléphoné, parce qu'il est possible que votre ligne soit surveillée. Alors vous-même, prudence. Ne bougez pas. On s'arrangera pour vous tenir au courant. »

Il écouta, son bec d'aigle huma la nuit. Puis il dégringola les trois marches de la véranda, traversa le jardin en courant.

Maud attendit deux ou trois minutes après qu'il eut disparu derrière le pilier de la grille. Elle referma la porte. Ce n'était donc pas une impression ; la police avait momentanément abandonné sa surveillance. Elle rentra dans la salle, alluma une royale, qu'elle écrasa à la première bouffée. Elle enfila son manteau, éteignit, se glissa silencieusement dehors.

23 h 50.

La station-service était pareille à un îlot de

lumière. Au-dessus de la piste, les banderoles cliquetaient comme des castagnettes. Tout autour de la grande baie décorée de gros flocons de ouate, les loupiotes de la traditionnelle guirlande dansaient la farandole. Derrière la vitre embuée Chabert apercevait l'homme en salopette et casquette rouges, assis au centre de la pièce, lisant un journal. Des voitures de police par intermittence sillonnaient le boulevard maritime, arrivant du port ou du vieux Saint-Marc. Depuis qu'il avait échoué contre cette grille de dock, après avoir zigzagué de refuge en refuge, n'y faisant halte que le temps de reprendre son souffle, à la limite de l'évanouissement, mais réussissant par un prodige de volonté à retenir la vie qui s'en allait, aucune des patrouilles ne s'était arrêtée dans les parages. Elles suivaient les quais à vive allure, viraient au haricot de l'usine à gaz, remontaient vers la place de Strasbourg.

Quinze mètres à franchir. La dernière étape, son calvaire se terminerait là. Chabert tourna la tête. Par une échancrure, à travers le fouillis des ateliers et des silos, il distinguait la mâture d'un cargo piquée de ses feux de position. Il lui sembla qu'une musique très douce s'échappait du navire et venait mourir jusqu'à lui, portée par la brise marine. Mais non, le cargo était bien trop éloigné ; ce n'était que la rumeur de la fièvre dans sa tête. Il s'affaiblissait, des vols d'oiseaux noirs sans répit passaient devant ses yeux. Ses doigts, quand il les décollait de son épaule, étaient englués.

Il concentra derechef son attention sur la proche zone éclairée. Le pompiste, maintenant, debout devant le bureau tenait une thermos et remplissait la timbale de café brûlant.

Quinze mètres, rien que quinze mètres. Jef rassembla ses dernières forces et s'élança, traversa le terre-plein, claudiquant, clopinant, titubant comme un pochard. Il poussa la porte, s'engouffra dans la pièce, cligna des yeux, ébloui et le cœur défaillant au contact d'une tiédeur oubliée.

Le préposé s'était retourné et le dévisageait, effaré, en se tordant les lèvres. La timbale, au bord du bureau, fumait.

« Je voudrais téléphoner.

— Téléphoner ? dit l'homme. Oui, bien sûr... »

Coup d'œil en direction du boulevard maritime où filait une auto.

« Tenez. »

Il lui avança le combiné.

« Qu'est-ce qui vous est arrivé ? C'est pour vous tout ce ramdam ? »

Il pointa l'index vers la vitrine. Chabert sans répondre s'appliquait à composer le numéro. La sueur brûlait ses pupilles, son doigt comme un corps étranger dérapait sur les graduations du cadran. Une goutte de sang vint s'étoiler sur le tablier gris plastifié du bureau. « Elle ne sera pas là... Ils l'auront déjà embarquée... Mais j'attendrai... j'attendrai jusqu'à ce que mes jambes plient sous moi et que... »

« Allô ? dit Maud.

— C'est moi, Jef.

— Jef ! Où donc es-tu ?

— Au port de commerce. Je viens m'excuser, Maud. Notre réveillon, hein, j'ai l'impression qu'il est bien compromis... Maud ? »

Le silence, là-bas, effrayant, incompréhensible. Tout près, un klaxon ricana. Le pompiste, qui surveillait le boulevard, le nez contre la porte vitrée, revenait :

« Vous devriez partir. Ils ont l'air de rappliquer. »

Avait-il peur pour lui-même ? Était-ce seulement de la pitié ? Il observait d'un œil consterné la flaque qui s'élargissait sous les chaussures de Chabert.

« Maud, tu es toujours là ? Tu m'entends ?

— Oui, Jef, je t'entends. »

Comme la voix était lourde, et grave...

« Il n'est pas loin de minuit, tu sais, les sirènes, on les entendra quand même ensemble...

— Oui, Jef.

— Filez ! ordonna le pompiste d'une voix changée. Une bagnole vient de stopper.

— Les sirènes, haleta Chabert. N'oublie pas, Maud. Maud ? »

L'homme lui arracha l'appareil.

« Vite, partez... Par l'arrière... »

Il le poussa, le soutint, l'aida à passer la porte.

Jef se retrouva seul dans la demi-obscurité. Tout vacillait. Devant lui, la muraille noire d'un entrepôt désaffecté. Il parvint à faire un pas, deux pas. Puis il buta contre quelque chose, roula avec un cri, se releva encore. Plus que quelques mètres.

Un vrombissement brutal, la plainte de pneus qui raclaient le béton, les quatre détonations de quatre portières simultanément refermées. Un projecteur inonda le quai. Jef ébaucha une ultime accélération. Un choc au flanc gauche lui coupa le souffle, pendant qu'une canonnade faisait éclater ses tempes. Il pirouetta, bascula sur le dos.

Autour du fugitif ils étaient toute une bande à présent, à vociférer, à s'esclaffer, à se féliciter. C'était l'heure de la curée, la meute donnait de la voix, crocs luisant de bave. On lui souleva la tête en le tenant aux cheveux, un talon sournois lui martela les côtes. Mais Chabert sentit à peine le coup. Il ne les voyait pas, il ne voyait que ce coin de ciel qui venait de s'ouvrir au-dessus de la mer, découvrant une broderie d'étoiles. Du cargo voisin, une sirène s'éleva ; elle grossit, s'épanouit en un vibrant hosanna. Une autre lui fit écho, une autre plus loin encore. Elles se regroupèrent, ajustèrent leurs voix, plaquèrent les notes d'un somptueux accord.

Chabert songea que partout, à cette même minute, dans tous les ports du monde, les sirènes de minuit s'étaient mises à sonner le bonheur des hommes. Et il se disait que c'était un peu pour lui aussi qu'elles chantaient, pour le pauvre Jef, qui se vidait de son sang, abandonné de tous sur le ciment glacé du quai, en train de mourir.

1er janvier, 0 h 30.

Rault raccrocha, fit un bref signe de tête qu'elle comprit, car elle s'adossa au bâti de la porte, ferma les yeux, ne bougea plus.

« Il cherchait à fuir vers les navires, quand ils l'ont abattu. »

Il traversa la cuisine, s'immobilisa à sa hauteur. Elle demeurait inerte, la nuque cassée, les bras au corps, comme crucifiée contre sa planche, le visage plus blanc que le crépi fané de la cuisine. Il dit, doucement :

« Pourquoi l'avez-vous tué ? »

Les épaules nues frémirent à peine. Elle ne répondit pas. Ses longs doigts aux ongles nacrés de frais étaient recroquevillés sur la robe ainsi que des serres.

« Une voix de femme anonyme a avisé le commissaire central, tout à l'heure, que le fugitif avait trouvé asile au 297 de la rue de Verdun. La police s'y est aussitôt rendue en force. Pour en repartir très vite, et pour cause : au 297, rue de Verdun, il n'y a qu'un dépôt de matériel électrique et deux étages de bureaux, le tout parfaitement clos. »

Il se rapprocha encore :

« Chabert n'a jamais été à cette adresse. L'individu au passe-montagne qui s'est présenté chez vous ce soir est l'un de mes hommes. »

Elle ne réagissait toujours pas. C'était comme s'il parlait à une morte.

« Vous saviez ce que vous faisiez. Quand je vous ai téléphoné, il y a environ une heure, je vous ai prévenue qu'ordre avait été donné d'abattre Chabert sans sommation. »

Il passa dans le séjour. De l'autre côté du mur, un chœur discordant bêlait :

« *C'est l'amour qui plane dans l'air à la ronde...* »

Maud avait rouvert les yeux et frictionnait ses mains exsangues. Il revint vers la porte.

« Pourquoi cet acharnement à le perdre ? Sinon pour vous protéger vous-même ? C'est vous aussi qui avez planqué ici la paire de lunettes de Fontange, sachant qu'une perquisition était imminente. Vrai ou faux ? »

Elle s'agita soudain. Ses paupières battirent plusieurs fois, son regard se fixa sur lui, comme si elle découvrait sa présence. Elle se détacha du chambranle :

« Ça va, dit-elle, inutile de vous fatiguer. Oui, c'est moi. »

Elle alla s'asseoir au pied du vieux téléviseur. Il l'y suivit, resta debout.

« Vous étiez la complice de Fontange... sa maîtresse...

— Oui.

— Vous l'avez aidé à tuer sa femme. Après vous l'avez supprimé.

— Non. C'est beaucoup plus simple, et plus idiot. »

Elle alluma une royale et commença sa confession d'une voix monocorde. Ce fut complet, rapide et glacé. Elle n'avait plus rien à cacher. Dès que Jef l'avait appelée du port, elle avait compris qu'elle avait perdu. Elle ne luttait plus, ses traits n'indiquaient aucun sentiment. Le visage ne s'anima un peu qu'à la fin, lorsqu'elle parla de Chabert. Et le ton aussi devint plus âpre, comme si sur ce point seulement elle souffrait de ne pouvoir se justifier.

« Je n'avais rien contre Jef. Je l'aimais bien, c'était un brave gars. Il a fallu que la poisse s'en mêle. J'ai perdu les pédales : c'était Jef ou moi, n'est-ce pas ? Oui, j'ai alors pensé aux lunettes. Après...

— Après, dit Rault, vous vous êtes dit que les morts ont rarement raison... »

Elle fit un petit geste des deux mains, par lequel elle tentait d'exprimer toute l'absurdité de la vie. Elle se leva, désigna la porte :

« Quand vous voudrez, commissaire. »

Rault avait fini par s'asseoir, il ne bougeait pas. Il songeait, j'ai gagné, je devrais être satisfait. Il n'était qu'accablé, écœuré par cette couronne de morts inutiles. Il avait gagné, mais il n'avait rien su prévoir d'essentiel, rien pu empêcher. Sa victoire lui laissait un goût de cendre. Elle ne rendrait la vie ni à Chabert, ni à Pereira. Et même à présent il n'était pas maître du jeu. Que ferait Bodart des aveux de cette femme ? Ils n'entraient pas dans « sa » vérité. Bien sûr, Rault pouvait se battre, jeter le peu qui lui restait de crédit dans la balance, exiger... En avait-il le droit ? Qu'est-ce qui, en fin de compte, était le plus important ? Chabert la victime ? ou Chabert le héros ?

« Je suis prête, commissaire. »

Elle ressortait de la chambre, en manteau de chevrette, une écharpe écrasant sa coiffure. Rault déboula de sa rêverie.

« A quoi bon ! »

Il leva vers elle des yeux où elle put lire quelque

chose qui ressemblait à de la haine, il lui cria presque :

« Vous ne comprenez pas que c'est impossible ? que vous, vos histoires de fesses et de fric, ça n'intéresse personne ? On n'en veut pas, ma petite dame ! Trop tard ! Vous n'entrez dans aucun plan ! Vous n'existez pas ! Si vous parlez... »

Il se mit debout, pesamment. Sa voix s'adoucit ; on eût dit qu'il la suppliait :

« Vous ne le ferez pas. A cause de Chabert. Vous lui devez au moins ça... »

Elle l'examinait, étonnée :

« Quoi donc ?

— Une légende », dit Rault.

ÉPILOGUE

MAUD passa quelques jours difficiles. Elle fut même tentée par le suicide et, plusieurs soirs de suite, elle se promena sur le pont du Forestou, son voisin. Penchée sur la balustrade, elle rêva au meilleur point de chute, mais ne réussit pas à se décider. Elle alla donc s'acheter chez Capucine un ensemble noir très chic et s'enfonça dans son personnage de veuve historique. Elle y est encore, en réserve de la République.

Sept mois après ces événements, le 23 juillet à neuf heures, une charge d'explosif déchiquetait la Ford du chef du M.A.C. à l'instant où il mettait le contact, rue d'Aiguillon. La bombe était très puissante et des lambeaux furent projetés à plus de quatre-vingts mètres à la ronde, entre autres un testicule quasi intact, qui atterrit sur la balance de Mme veuve Lagadec, vendeuse aux Jardins d'Ispahan, alors qu'elle pesait un kilo de brugnons. Son cœur malade n'y résista pas : elle tomba raide morte[1]. Un tract distribué en ville le lendemain revendiquait l'attentat et annonçait d'autres luttes. Il était signé : « F.R.A. — Section Jef Chabert et Manoel Pereira. »

1. D'où l'expression : « C'est pas la c... à Monsieur Jean » qui devint vite populaire dans la région brestoise. « Il n'y a pas de quoi en faire un drame : c'est pas la c... à Monsieur Jean ! »

DU MÊME AUTEUR

Aux éditions Denoël :

NOCTURNE POUR MOURIR
ALIÉNA
BABY-FOOT
J'AI TUÉ UNE OMBRE
LA VOIX DANS RAMA
LE SQUALE

A la Librairie des Champs-Élysées :
(Collection Le Masque)

CHANTAGE SUR UNE OMBRE

Composition réalisée par COMPOFAC - PARIS

IMPRIMÉ EN FRANCE PAR BRODARD ET TAUPIN
Usine de La Flèche (Sarthe).
LIBRAIRIE GÉNÉRALE FRANÇAISE - 6, rue Pierre-Sarrazin - 75006 Paris.
ISBN : 2 - 253 - 4092 - 4

30/6302/1